Die menschliche und göttliche Natur in uns

Aus dem Französischen übersetzt
Originaltitel:
»NATURE HUMAINE ET NATURE DIVINE«

©1983, Éditions Prosveta S.A., France, ISBN 2-85566-247-8
Französische Originalausgabe

© 1985, Éditions Prosveta S.A., France, ISBN 2-85566-329-6
Deutsche Ausgabe: »Die menschliche und göttliche Natur in uns«

© 1999, Prosveta Verlag GmbH, Deutschland, ISBN 3-8515-045-2
Deutsche Ausgabe: »Die menschliche und göttliche Natur in uns«

© 2025 Prosveta Verlag GmbH, Grabenstr. 14, 78661 Dietingen
Telefon 07427 3430, E-Mail Produktsicherheit: gpsr@prosveta.de.
Diese Angaben sind zugleich Pflichtinformationen nach der EU-Produktsicherheitsverordnung GPSR.

ISBN 978-3-89515-045-6

9. Auflage

Druck 2025: Interpress, Ungarn

Omraam Mikhaël Aïvanhov

Die menschliche und göttliche Natur in uns

Reihe Izvor – Band 213

PROSVETA VERLAG

INHALT

Da Meister Omraam Mikhaël Aïvanhov seine Lehre ausschließlich mündlich überlieferte, wurden seine Bücher aus stenografischen Mitschriften, Tonband- und Videoaufnahmen seiner frei gehaltenen Vorträge erstellt.

Kapitel 1

Menschlich... oder Tierisch?

Jedes menschliche Wesen, das auf die Welt kommt, bringt Neigungen aus ferner Vergangenheit mit, die ein für alle Mal in ihm eingeprägt sind. Sie stammen aus der Zeit, als der Mensch viel mit dem Tierreich gemeinsam hatte. Niemand ist von dieser Vergangenheit frei. Die Menschen unterscheiden sich dadurch, dass diejenigen, die das Licht der Einweihungslehre besitzen, ihre tierischen Triebe beherrschen können, während andere, die dieses Wissen nicht besitzen oder nicht annehmen wollen, ihren niederen Neigungen nachgeben müssen. Das ist doch ganz normal und selbstverständlich! Für sie ist die Einweihungslehre anormal und widernatürlich, aber nach Ansicht der göttlichen Welt ist sie völlig normal.

Die meisten Menschen wissen nicht genau, was naturgemäß ist und was nicht. Sie reden davon, der Natur zu folgen, sich ihren Gesetzen zu unterwerfen und sie nachzuahmen. Das ist schön und gut, aber um welche Natur handelt es sich? Denn es gibt nicht nur eine Natur, sondern zwei: eine niedere und eine höhere. Viele, die angeblich

»der Natur gehorchen«, handeln in Wirklichkeit gegen die höhere Natur, während andere, die die göttliche Natur in sich zur Entfaltung bringen wollen, die niedere Natur zu zügeln suchen. Die Menschen haben keine klaren Vorstellungen in diesem Bereich. Deshalb muss man ihnen bewusst machen, dass sie eine höhere Natur besitzen, die sich anders äußert als die so genannte menschliche Natur. Letztere ist eigentlich nichts anderes als der von der Tierwelt ererbte niedere Instinkt. Wie oft sagt man, um seine eigenen Schwächen zu rechtfertigen: »Das ist menschlich!« Wenn man darüber nachdenkt, bedeutet menschlich allerdings eigentlich »tierisch«. Nirgends steht geschrieben, dass der Mensch solchen Schwächen nachgeben soll.

Die Tiere sind so, wie sie sind, in Ordnung. Für sie zählt nur das Überleben. Also müssen sie fressen, einen Unterschlupf finden, sich vermehren und sich verteidigen. Die Natur hat ihnen verschiedene Instinkte gegeben, denen sie gehorchen, und die man Selbsterhaltungstrieb, Zeugungstrieb, Aggressivität usw. nennt. Es ist daher normal, wenn sie egoistisch, grausam und ängstlich sind. Bei den Menschen jedoch verhält es sich anders. Die kosmische Intelligenz hat ihnen einen Verstand und andere Eigenschaften und Tugenden gegeben, mit denen sie über die Instinkte hinausgehen können. Auch wenn sie noch das tierhafte Wesen besitzen, wohnt in ihnen doch auch eine andere Natur, die es zu entwickeln gilt. Ich behaupte natürlich nicht, dies sei einfach und von heute auf morgen zu verwirklichen. Das tierische Wesen mit seinen Trieben und Begierden steht dem Menschen noch so nahe!

Wenn ihr euch analysiert, werdet ihr schnell feststellen, dass manche Neigungen so tief in euch verwurzelt sind, dass sie durch nichts zu entfernen sind, während andere ständig durch gutes Zureden, Lektüre und Gebet ermutigt werden müssen, damit sie nicht völlig verschwinden. An Hunger, Durst oder Schlaf und das Besitzenwollen bestimmter Dinge oder die Sucht nach bestimmten Vergnügungen braucht niemand euch zu erinnern! Diese Dinge sind so tief in euch verankert, dass ihr euch ihrer nicht entledigen könnt, selbst wenn ihr es wollt. Wenn es jedoch darum geht, weise, überlegt, selbstlos, großzügig und vorausschauend zu handeln, muss man euch immer wieder ermutigen. Es gibt also etwas im Menschen, das stark und unerschütterlich auf eigenen Füßen steht und etwas anderes, viel Schwächeres, das ständig Beistand und Schutz braucht. Die triebhafte Natur des Menschen hatte im Laufe seiner Inkarnationen während der letzten Jahrhunderte und Jahrtausende Zeit genug, sich zu entwickeln und stark zu werden, während Verstand und Weisheit in der Geschichte der Menschheit relativ neu sind.

In Wirklichkeit waren Verstand und Weisheit vor allen anderen Erscheinungen da. Da sie jedoch dem Menschen sehr fern sind, müssen sie einen langen Weg zurücklegen, bevor sie sich in ihm offenbaren können. Die Weisheit existierte bereits vor der Schöpfung der Welt. In der Bibel heißt es: »Der Herr hat mich (die Weisheit) schon gehabt im Anfang seiner Wege, ehe er etwas schuf, von Anbeginn her. Ich bin eingesetzt von Ewigkeit her, im Anfang, ehe die Erde war. Als er die Grundfesten der Erde legte, da war ich als sein Werkmeister bei ihm; ich war seine Lust täglich...« (Spr 8,22). Die Weisheit ist also als Erstes erschienen. Der Mensch jedoch hat noch nicht lange an ihr teil und deshalb ist sie so schwach in ihm. Die Triebe dagegen sind fest verankert.

Wenn ihr in der Gesellschaft lebt, dürft ihr euch nicht wundern, von ihr beeinflusst zu werden. Aber eigentlich handelt es sich nicht um Einflüsse, sondern um eure eigene triebhafte, prähistorische Natur, die erwacht und sich von den Dingen mitreißen lässt, die ihr entsprechen. Dabei wird die Vernunft ausgeschaltet. Zur Rechtfertigung sagt ihr dann: »Ach, ich bin einem ungünstigen Einfluss erlegen und habe eine Dummheit gemacht.« Nein, ihr seid einem inneren Drang gefolgt, und das ist normal. Alle Menschen tragen ihre tierische Vergangenheit mit sich herum. Bei den einen ist es Gerissenheit, bei anderen Grausamkeit, Gier oder Sinnlichkeit. Jetzt kommt es darauf an, eure Intelligenz, eure Einsicht zu entwickeln, damit sie so stark werden, dass sie der alten, triebhaften Natur standhalten können. Hier liegt das Problem, das jeder von uns zu lösen hat: Wir müssen lernen, nicht immer vor der niederen Natur zu kapitulieren.

Gewiss, sie ist sehr stark und tief verankert. Sie hält uns in ihren Krallen, aber das ist noch lange kein Grund, ihr immer wieder nachzugeben. Sie ist nur deshalb so stark, weil sie genügend Zeit hatte, in uns Wurzeln zu schlagen. Ich glaube sogar, dass sie nur deshalb so egoistisch, böse und grausam ist, weil sie unter sehr schwierigen Verhältnissen leben musste. Seht einmal, was die Tiere alles durchmachen müssen, um zu überleben. Wie viele Schwierigkeiten haben sie, um Nahrung und einen Unterschlupf zu finden, um sich zu verteidigen und sich gegen andere Tiere zu schützen! Wie soll eine Wesensart, die unter solchen Umständen entstanden ist, jetzt auf einmal sanft, gut und milde sein? Nein, sie musste egoistisch, grausam und rachsüchtig sein und jetzt ist sie auf ihrem Gebiet perfekt.

Die niedere Natur hatte also Anrecht auf einen Platz an der Sonne. Sie hat ihre Aufgabe bestens erfüllt. Aber sie bedeutet nicht die letzte Etappe in der Entwicklung des Menschen. Nun müssen auch Verstand, Vernunft und Weisheit zum Ausdruck kommen.

Nehmen wir zum Beispiel die Angst. Sie ist ein Instinkt, der bei den Tieren sehr stark entwickelt ist. Die Angst wurde den Tieren gegeben, damit sie sich einer Gefahr bewusst werden und sich verteidigen. Sie ist also ein ausgezeichneter Führer: Sie schützt und belehrt die Tiere. Alle Lebewesen müssen zunächst ängstlich sein. Später, wenn sie einen höheren Entwicklungsgrad erreicht haben, greift die kosmische Intelligenz ein und befreit sie von diesem Hemmnis: Die Angst wird durch die Einsicht ersetzt. Wissen, Kennenlernen und Begreifen sind besser als Angst und Unwissenheit. Es ist ganz normal, dass die Tiere ihre Angst, die sie vor Gefahren schützt, behalten, denn sie haben keinen Verstand. Wenn jedoch der Mensch, der das neue, für seine Entwicklung entscheidende Element, den Verstand, besitzt, weiterhin die tierische Angst in sich duldet, ist das nicht normal und hemmt seinen Fortschritt.

Wir können also folgendes Gesetz formulieren: Was die Natur zu einer bestimmten Zeit befürwortet und akzeptiert, duldet sie zu einer anderen Zeit nicht mehr. So ist es mit vielen Dingen im Leben. Man arbeitet mit aller Kraft, um bestimmte Dinge zu erreichen... und dann, um sie wieder loszuwerden. Die Weisheit liegt im Wissen, wie lange man bestimmte Dinge behalten und wann man sich von ihnen lösen soll. Denkt über das Beispiel der Angst nach: Der Mensch sollte keine Angst mehr haben.[1]

Hier noch ein anderes Beispiel: Wenn ein junger Mann sich von einem Mädchen angezogen fühlt, verspürt er den inneren Drang, sich auf sie zu stürzen. Nun, das ist ganz normal. Aber was wird aus ihm werden, wenn er ständig seinem Verlangen nachgibt? Er bleibt ein Tier. Wenn dann die andere Natur eingreift und ihm rät: »Es liegt in deinem eigenen Interesse, dich zu beherrschen, dich zusammenzunehmen und die Kontrolle nicht zu verlieren!«, könnte man natürlich sagen, diese Natur sei unnatürlich. Oder angenommen, jemand will sich den Besitz seines Nachbarn aneignen: Seine niedere Natur schlägt ihm vor, sich einfach alles zu nehmen. Er braucht es und damit basta. Nur keine Gewissensbisse! Aber wenn die höhere Natur sich einschaltet, sagt sie »So geht das nicht! Das gehört dem anderen. Das darfst du ihm nicht wegnehmen. Du hast kein Recht dazu, du wirst dafür bezahlen müssen!« Seht ihr, hier äußern sich bereits Verstand, Gerechtigkeit und Moral.

Alle Menschen leben naturgemäß. Die Frage ist nur, ob sie der tierischen oder der göttlichen Natur folgen. Leider sind die meisten Menschen der tierischen Natur treu. Ja, ihr sind sie absolut treu und überzeugt, dass sie ihr folgen müssen. Wenn man ihnen verständlich machen will, dass es eine höhere Natur zu entwickeln gilt, wird das Leben doch so kompliziert! Aber diese höhere Natur muss entfaltet werden. Das von unseren Vorfahren im Lauf der Jahrhunderte errichtete Gebäude war wunderbar, aber eines Tages ist es veraltet und baufällig und bricht zusammen. Ein neues muss an seine Stelle treten. Gewiss, das Gebäude war für bestimmte Verhältnisse bestens geeignet, aber die Verhältnisse ändern sich, und dann ist es nicht mehr angemessen. Man könnte vielleicht einige Elemente für den Neubau wieder verwenden, genauso wie man für ein neues Haus Balken oder Eisenstücke des alten verwertet. Aber abgerissen werden muss es.

Jesus sagte: »Wenn ihr nicht sterbt, werdet ihr nicht leben.«[2] Ja, so ist es. Die niedere Natur in uns muss sterben, damit die höhere geboren werden kann. Ähnlich wie das Saatkorn, das sich in der Erde auflöst und zu keimen beginnt! Wenn es nicht stirbt, dass heißt, wenn es nicht darauf verzichtet, unnütz in der Scheune herumzuliegen (was auch eine Art von Tod ist), kann es nicht leben und Früchte tragen. Für uns gilt das Gleiche: Wenn wir bei unseren alten Ansichten bleiben, werden wir nicht leben. Wir müssen die alten Formen ablegen und andere, neue, prachtvolle Formen annehmen. Dann werden wir leben! Glaubt ihr wirklich, dass Christus unseren Tod wollte? Nein. »Wenn ihr nicht sterbt« bedeutet: wenn ihr eure Gewohnheiten, eure Lebens- und Denkweise nicht ändert. Er, der sagte: »Ich bin die Auferstehung und das Leben«, wollte sicher nicht, dass wir sterben. Er wollte, dass wir vom gleichen Leben durchflutet werden.[3]

Deshalb gibt es nur einen Weg: In der niederen Natur sterben, um in der göttlichen geboren zu werden.

Anmerkungen

1. Siehe Band 221 der Reihe Izvor »Alchimistische Arbeit und Vollkommenheit«, Kapitel 5: »Die Angst« und Band 242 der Reihe Izvor »Unerschöpfliche Quellen der Freude«, Kapitel 8: »Ohne Angst voranschreiten«.
2. Siehe Band 240 der Reihe Izvor »Söhne und Töchter Gottes«, Kapitel 3: »Wer sein Leben retten will, wird es verlieren«.
3. Siehe Band 209 der Reihe Izvor »Weihnachten und Ostern in der Einweihungslehre«, Kapitel 4 und 5 »Wenn ihr nicht sterbt, werdet ihr nicht leben« und »Die Auferstehung und das Jüngste Gericht«.

Kapitel 2

Die niedere Natur, eine umgekehrte Spiegelung der höheren Natur

Seit Tausenden von Jahren versuchen die Menschen die Struktur ihrer Psyche zu erkennen und haben diesbezüglich zahlreiche Aufteilungen erdacht. Die einen gehen von der Zahl 2 aus: Geist und Materie, männlich und weiblich, positiv und negativ, Himmel und Erde, gut und böse. Andere nehmen die Zahl 3 als Basis und unterscheiden Verstand, Gefühl und Wille, was auch der Einteilung der christlichen Theologie in Geist, Seele und Körper entspricht. Die Alchimisten stützen sich auf die Zahl 4, entsprechend den 4 Elementen Erde, Wasser, Luft und Feuer. Die Astrologen knüpfen an die 12 Tierkreiszeichen an. Für die Inder und die Theosophen hat der Mensch 7 Körper: Physis-, Äther-, Astral-, Mental-, Kausal-, Buddhi- und Atmanleib. Die Kabbalisten gehen von 3, 4, 9 oder 10 aus. Für andere schließlich ist der Mensch eine unteilbare Einheit. Egal welchen Standpunkt man vertritt, er ist immer richtig und hängt davon ab, von welcher Seite man die Dinge betrachtet.

Zur Vereinfachung gehen wir davon aus, dass der Mensch eine vollkommene Einheit darstellt, die jedoch polarisiert ist und sich unter zwei verschiedenen Aspekten äußert. Der Mensch hat zwei Naturen, eine niedere und eine höhere, die gleichermaßen denken, fühlen und handeln können, jedoch in entgegengesetzten Richtungen. Ich habe diese beiden Naturen Personalität und Individualität genannt.

Ihr müsst zunächst begreifen, dass auch die niedere Natur ihren Ursprung im Geist hat, auch wenn sie sich der höheren widersetzt. Der Geist ist der Ursprung aller Dinge. Das ist eine Wahrheit, die ihr euch immer wieder vor Augen halten müsst. Aber als der Geist sich offenbaren wollte, musste er sich Äußerungsformen schaffen, die ihm den Abstieg in die immer dichter werdende Materie erlaubten. Diese Äußerungsformen nennen wir »Körper«. Vom feinstofflichsten zum dichtesten sind dies Atman-, Buddhi- und Kausalleib, die unserer höheren Natur, der Individualität entsprechen, sowie Mental-, Astral- und Physisleib, die der niederen Natur, der Personalität entsprechen. Der physische Leib, der Astralleib (Bereich der Gefühle) und der Mentalleib (Bereich der Gedanken) stellen auf niederer Ebene den Atman-, Buddhi- und Kausalleib dar.

HÖHERE NATUR

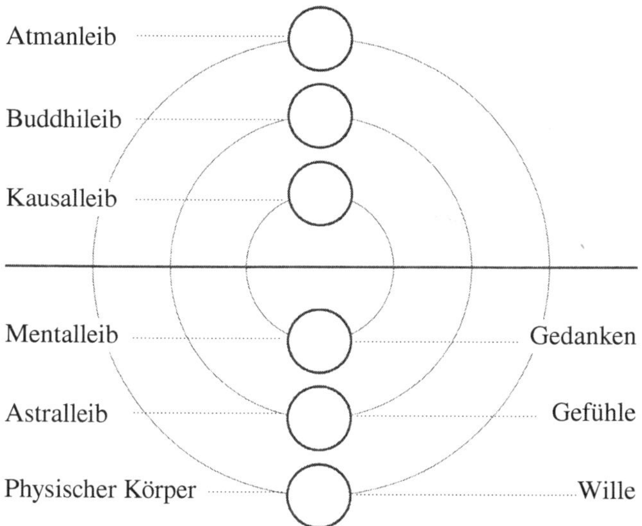

NIEDERE NATUR

Ihr werdet sagen: »Aber wenn die Personalität ein Abbild der Individualität ist, warum ist sie dann so begrenzt, schwach, blind und fehlerhaft?« Darauf antworte ich, dass jeder von uns eine Individualität besitzt, die wesenhaft göttlich ist. Sie ist in den himmlischen Sphären zu Hause, wo sie in völliger Freiheit, im strahlendsten Licht, in Glückseligkeit und Frieden lebt und alle Macht hat. In den dichteren Bereichen der Materie jedoch kann sie sich nur so weit äußern, wie die drei niederen Körper (die Personalität) es ihr gestatten. Wer hier unten schwach, unwissend und böse erscheint, ist gleichzeitig oben eine Wesenheit, die Wissen, Liebe und Kraft besitzt.[1] Deshalb findet man im selben Wesen auf der unteren Ebene Begrenztheit und auf der höheren Reichtum und Vollkommenheit.

Der esoterischen Wissenschaft zufolge ist der Mensch ein äußerst vielseitiges Wesen von unsagbarem Reichtum. Vor allem ist er weit mehr als das, was man rein materiell von ihm sieht. Hierin unterscheiden sich esoterische und offizielle Wissenschaft. Letztere sagt: »Hier haben wir einen Menschen. Wir kennen ihn. Man kann ihn in verschiedene Bereiche aufteilen. Er besteht aus diesen und jenen Organen, Zellen und chemischen Substanzen, die wir identifiziert und benannt haben. Das ist der ganze Mensch. Die esoterische Wissenschaft behauptet dagegen nicht nur, dass der Mensch außer dem physischen noch andere Körper hat, sondern erklärt auch deren Wesen und Aufgabe.

Vorläufig vermag die Individualität sich also nicht völlig durch die dichten, groben Schichten der Personalität zu äußern. Bis die Körper, die die Personalität bilden, zum Abbild der Eigenschaften und Tugenden der Individualität werden, braucht es noch Jahrhunderte und Jahrtausende voller Erfahrungen, Übungen und Studien. Wenn sie jedoch vollkommen entwickelt sind, wird der Mentalleib so fein und scharfsinnig sein, dass er endlich die göttliche Weisheit zu begreifen beginnt, der Astralleib wird zu den edelsten und selbstlosesten Gefühlen fähig sein, und der physische Leib schließlich ist in seinen Handlungen völlig frei und an nichts gebunden.

Da die beiden Naturen nicht wirklich voneinander getrennt sind, versucht die Individualität ständig die Personalität zu beeinflussen. Aber die Personalität will unabhängig und frei bleiben, sie will tun, was ihr gefällt und hört nur sehr selten auf die von oben kommenden Impulse. Obgleich die Individualität sie beseelt, belebt, nährt und stützt, widersetzt sie sich ihr so lange, bis die Individualität eines Tages dank der Zielstrebigkeit und der Willenskraft des Menschen in die Personalität eindringt, um sie unter Kontrolle zu halten und zu beherrschen. Dann wird die Personalität so unterwürfig und folgsam, dass sie mit der Individualität eine Einheit bildet. Das ist die wahre Vereinigung, die wahre Ehe, die wahre Liebe.[2] In der esoterischen Wissenschaft nennt man es »das Verbinden der beiden Enden«. Das eine Ende ist die Personalität. Sie ist eine Dreiheit, genau wie Zerberus, der dreiköpfige Hund, der den Eingang zur Hölle bewachte. Das andere Ende ist die ebenfalls eine Dreiheit darstellende Individualität, unsere göttliche Natur.

Diese Vereinigung, diese Verschmelzung, diese so wünschenswerte Ehe wird sich eines Tages vollziehen. Aber wann? Das ist schwer zu sagen.

Der Zeitpunkt ist für jeden Menschen verschieden; bis es so weit ist, besteht die Arbeit des Schülers darin, inmitten der Wechselfälle des Schicksals die Personalität der Individualität, dem inneren göttlichen Willen zu unterwerfen, damit sie ihm ein fügsames Werkzeug wird. Das ist das Ziel der Übungen und Praktiken aller Einweihungsschulen.

Alles hat seinen Ursprung in Gott, auch unsere niedere Natur. Angenommen ihr sucht Gold und wollt nun aus dem Erz das Metall gewinnen. Obgleich Gold und Erz verschieden sind, haben sie denselben Ursprung. Ihr werdet fragen: »Aber wie kann Gott, der doch etwas ganz anderes ist als Materie, etwas schaffen, das so dicht, stumpf und schwer ist?« Das kann ich euch durch ein sehr einfaches Beispiel erklären.

Bei der Schöpfung der Welt ist Gott genauso vorgegangen wie die Spinne, die ihr Netz webt. Ja, die Spinne zeigt, wie Gott die Welt erschaffen hat. Ihr denkt: »Eine Spinne? Ist die so klug?« Ich weiß nicht, welche Universitätsdiplome sie besitzt, aber wenn ihr sie genau beobachtet und ihr Verfahren begreift, könnt ihr erstaunliche philosophische Schlüsse daraus ziehen. Seht einmal, wie sie ihr Gewebe spinnt: Das ist ein ganzer Kosmos, ein geometrisches, mathematisches, tadelloses Bauwerk. Wie macht sie das? Nun, zuerst sondert sie eine Flüssigkeit ab, die beim Hartwerden einen feinen, elastischen Faden bildet, womit sie dann ihr Gewebe spinnt.

Ich habe auch von den Schnecken gelernt. Die Schnecke hat einen weichen Körper, aber das Schneckenhaus ist hart. Auf den ersten Blick haben die Schnecke und ihr Gehäuse nichts Gemeinsames. Dennoch hat sie ihr Haus selbst hergestellt. Das Gehäuse wird allmählich größer, weil der Ätherleib der Schnecke in die winzigen Hohlräume der Materie eindringt und die Teilchen auseinander schiebt. Das Gehäuse ist etwas anderes als die Schnecke, obgleich sie selbst es abgesondert und vergrößert hat.

Dieses Beispiel veranschaulicht, dass Gott die Welt durch die Emanation einer feinstofflichen Materie schuf, die sich dann verdichtete. Ihr werdet sagen: »Das sind doch lächerliche Geschichten!« Mag sein. Aber eines schönen Tages werden selbst die gelehrtesten Menschen alles dafür geben, solche lächerlichen Geschichten zu hören. Scheinbar sind Tier und Gehäuse zwei verschiedene Dinge, aber in Wirklichkeit bestehen sie aus ein und derselben Materie, denn das »Häuschen« ist durch die Absonderungen der Schnecke entstanden. Nun, für Personalität und Individualität gilt genau das Gleiche. Die Personalität ist dicht, schwer und starr wie ein Panzer, während die Individualität leicht, beweglich und lebendig ist. Sie sind verschieden und dennoch gleichen Ursprungs.

Unser höheres Ich, die Individualität, hat sich ihr »Beförderungsmittel« – die Personalität – genauso geschaffen, wie die Schnecke ihr Haus:

durch die Absonderung einer sich verhärtenden Substanz. Wir »tragen« unseren physischen Körper genau wie die Schnecke ihr Gehäuse. Er ist das Haus, in dem wir wohnen. Das Schlimme aber ist, dass man den Menschen beigebracht hat, sich mit ihrem Panzer zu identifizieren, statt mit der Kraft, die ihn geformt hat, dem Geist. Deshalb ist der Mensch schwach, begrenzt, ohnmächtig und fehlbar. Der physische Körper ist nicht der Mensch selbst, sondern nur sein Fahrzeug, sein Pferd, sein Werkzeug, seine Behausung. Der wahre Mensch ist Geist, allmächtiger, unbeschränkter, allwissender Geist. Erst wenn der Mensch sich mit seinem Geist identifiziert, ist er wirklich stark, erleuchtet und göttlich.

Ihr müsst also wissen, dass ihr alle Gottheiten seid. Ja, ihr seid göttliche Wesen und weilt in sehr hohen Sphären, wo es keine Begrenzung, Finsternis, Leid, Trauer und Entmutigung gibt. Dort oben lebt ihr in der Fülle. Aber dieses Leben könnt ihr noch nicht auf das Erdendasein übertragen und es hier unten fühlen, begreifen und äußern, weil die Personalität euch daran hindert. Sie ist stumpf, undurchlässig und ungeeignet. Sie ist nicht richtig eingestellt, genau wie ein Radio, das manche Sender nicht empfangen kann. Die Frequenzen der kosmischen Intelligenz in den göttlichen Sphären haben eine so hohe Schwingung, dass die dichte und schwerfällige Personalität mit den göttlichen Botschaften nicht im Einklang schwingen kann. Die Schwingungen gehen spurlos am Menschen vorbei. Er ahnt nicht einmal, was er in Wirklichkeit in den höheren Ebenen seines Wesens erlebt.

Es gibt natürlich Mittel und Wege, dieser Situation abzuhelfen. Wenn ihr euch entschließt, die Regeln eines reinen Lebens einzuhalten, wenn ihr endlich wieder Söhne und Töchter Gottes werden wollt, wird euer Herz großzügiger, euer Verstand klar und euer Wille fest. Auf diese Weise wird die Personalität ein Werkzeug, das das göttliche Leben der Individualität immer besser äußern kann, bis eines Tages beide miteinander verschmelzen und eins werden; dann existiert die Personalität nicht mehr. Personalität und Individualität sind zu ein und derselben vollkommenen Wesenheit geworden.

Im Moment habt ihr nur von Zeit zu Zeit einige Offenbarungen und Intuitionen, die blitzartig in euch aufleuchten. Aber solche Wahrnehmungen dauern nicht lange an, bald darauf ziehen die Wolken wieder auf. Nach einer Weile erlebt ihr dann vielleicht beim Lesen, beim Anblick einer Landschaft, beim Beten oder Meditieren wieder einen himmlischen Augenblick. Aber dieser Augenblick dauert nicht. Seht ihr, so ist das Leben des Menschen: ein ewiger Wechsel zwischen Licht und Finsternis, bis er eines Tages selbst Ausdruck der Gottheit wird und als völlig neuer Mensch das neue Leben lebt.

Das Zentrum der Personalität ist der Astralleib, der Körper der Wünsche. Von ihm gehen alle Regungen und Impulse aus, die uns negativ beeinflussen. Der Astralleib gibt den Anstoß, und der Mentalleib versucht, diesen mit allen möglichen Mitteln und Wegen zu verwirklichen. Begreift endlich, dass unsere Wünsche unser Verhalten bestimmen. Obwohl der Verstand über den Wünschen und Begierden steht und sie zügeln und sich ihnen widersetzen kann, ist er ihnen zu Diensten. Ist das nicht wahr? Jeder gebraucht seinen Verstand, um seine Wünsche, Leidenschaften und Begierden zu befriedigen. Der Mensch setzt seine ganze Ausbildung, alle seine Kenntnisse, ja seinen ganzen kulturellen Reichtum für ein finsteres, sonderbares und dunkles Etwas ein, das von wer weiß woher, aus der düsteren Unterwelt kommt. Alle angeblich so aufgeklärten Gebildeten und Gelehrten folgen in Wirklichkeit unklaren Kräften und Impulsen. Das ist die traurige Wahrheit, und wenn ihr mir nicht glaubt, seht euch die Dinge selbst an!

Wenn der Astralleib im Dienst des Verstandes oder, was noch besser wäre, wenn der Verstand im Dienst der Seele und des Geistes stünde, wäre die Vollkommenheit erreicht. Hier liegt die Aufgabe des Gebets: Es soll den physischen, den Astral- und den Mentalleib, das heißt die niedere Dreiheit, die egoistisch denkt, fühlt und handelt, der höheren Dreiheit unterwerfen, die göttlich auf die Welt hin denkt, fühlt und handelt.[3] Das beste

Gebet ist die Bitte darum, dass die Individualität unser ganzes Wesen ausfüllen möge. Solange die Personalität sich in den Vordergrund schiebt, kann die Individualität sich nicht behaupten, auch wenn sie uns von Zeit zu Zeit ihren Segen und ihre guten Ratschläge gibt. Die Personalität behält ihre Macht und nichts bessert sich. Ja, der Individualität gelingt es wohl, uns zuweilen zu helfen und uns ihre lichtvollen Funken und Inspirationen mitzuteilen, aber ihr Einfluss hält nicht lange an. Sie zieht sich bald wieder zurück, weil der Mensch den Umgang mit seiner Personalität bevorzugt.

Einige werden sagen: »Das ist doch alles Blödsinn. Das hat weder Hand noch Fuß, das ist nicht wahr! So etwas glaube ich nicht!« und sie leben weiter das Leben der Personalität. Natürlich können sie machen, was sie wollen. Eines Tages werden sie die Wahrheit erkennen, aber bis dahin verlieren sie so viel Zeit! Man sollte die Wahrheit lieber gleich akzeptieren und sich anstrengen, um voranzukommen! Das soll aber nicht heißen, dass ihr sofort eine Gottheit werdet. Nein, ihr werdet fallen, euch wieder aufrichten, wieder fallen und euch wieder aufrichten, den Mut verlieren und neuen Mut schöpfen, bis endlich das göttliche, uneigennützige Bewusstsein der Individualität in euch Fuß fasst und sich festigt.

Anmerkungen

1. Siehe Band 222 der Reihe Izvor »Die Psyche des Menschen«, Kapitel 13: »Das höhere Ich«.
2. Siehe Band 8 der Reihe Gesamtwerke »Sprache der Symbole - Sprache der Natur«, Kapitel 8: »Die wahre Ehe«.
3. Sie Band 305 der Reihe Broschüren »Das Gebet«.

Kapitel 3

Auf der Suche nach unserer wahren Identität

Der größte Irrtum der Menschen besteht darin, dass sie immer dazu neigen, sich mit ihrer Personalität zu identifizieren. Wenn sie sagen: »Ich? Ich will Geld, ein Auto, eine Frau. Ich bin krank, gesund. Ich habe diesen (oder jenen) Wunsch, diesen Geschmack, diese Meinung...« glauben sie, dass dieses »Ich« sie selbst sind, aber gerade hier irren sie sich. In Wirklichkeit begehrt, denkt und leidet ihre Personalität, und da sie sich dessen nicht bewusst sind, beeilen sie sich, ihre Forderungen zu erfüllen. Sie haben sich noch nie analysiert, um die wirkliche Natur des menschlichen Wesens und die verschiedenen Bereiche seiner Entwicklung zu erkennen und identifizieren sich daher ständig mit der Personalität und dem physischen Körper. Der Schüler aber muss wissen, dass er weit mehr ist als sein physischer Körper. Er muss wissen, dass seine Begierden und Triebe nicht er selbst, sondern nur ein kleiner Teil seines Wesens sind. Nur mit diesem Wissen kann er auf dem Weg der Entwicklung rasch vorankommen.

Der Yoga der Selbsterkenntnis wird in Indien Jnani-Yoga genannt. Wer diesen Yoga ausübt, will sich selbst erkennen, sich selbst wiederfinden. Er beginnt also, sich einzuordnen: Er fragt, wer er ist und wo er ist. Er erkennt, dass er er selbst bleibt und er weiterhin »ich« sagen kann, auch wenn er einen Arm verlieren sollte. Also ist der Arm nicht er selbst. Sind seine Beine, sein Magen usw. er selbst? Nein, er ist mehr als das! Anschließend prüft er seinen Gefühlsbereich und stellt fest, dass seine Gefühle nicht sein Selbst sind: Er kann sie beobachten und analysieren, und das bedeutet, dass er sie beherrscht und über ihnen steht. Das Gleiche gilt für seine Gedanken. Auf diese Weise entdeckt er allmählich, dass das von ihm gesuchte alles übertreffende höhere Selbst Teil Gottes und erhaben, stark, lichtvoll und allwissend ist. Und nach jahrelanger Disziplin und geistiger Übung wird er eins mit seinem höheren Ich (aber nicht allen Yogis ist dies vergönnt). Das unbeständige, verletzbare, unbedeutende Ich war also nicht er selbst, denn er konnte ja ohne es auskommen. Er konnte auf es verzichten, es wie eine abgenützte Hülle ablegen und trotzdem weiter existieren.

Betrachten wir einen anderen Aspekt dieser Frage: Als Kind spricht der Mensch von sich selbst als »ich«. Als Erwachsener hat er sich verändert, aber er sagt weiterhin »ich«, und wenn er alt geworden ist, sagt er immer noch »ich«. Dieses

Ich ist also unveränderlich. Der Körper verändert sich ständig, während das Ich dasselbe bleibt. Was ist also dieses »Ich«? Der Mensch sucht es und stellt fest, dass es weder sein physischer Körper noch sein Gefühl ist, denn beide ändern sich im Laufe seines Lebens. Es ist auch nicht seine Gedanken, denn auch seine Denkweise und seine Ideen ändern sich. Wer sich tiefer analysiert, entdeckt schließlich, dass das mit »Ich« bezeichnete Wesen in Wirklichkeit ein Teil Gottes ist. Er bemüht sich dann mit Ihm zu verschmelzen. So begreift er allmählich, dass seine Personalität nicht ewigen Bestand hat, sondern nur eine flüchtige, ausschnitthafte Spiegelung seines wahren Selbst ist, ein Trugbild, eine Täuschung. Diese Täuschung nennen die Inder »Maya«.

Die schädlichste Auswirkung dieser Täuschung liegt darin, dass sie die Menschen zur Abtrennung führt. Sie entreißt sie der göttlichen Quelle, die für alle das wahre Selbst ist, und lässt sie als unzählige Einzelwesen mit verschiedenen Wünschen, Gefühlen und Neigungen leben. Nicht die Welt ist also eine Maya, wie manche glauben, sondern unsere Personalität, unser niederes Ich, das uns ständig dazu treibt, uns als abgetrennte Wesen zu betrachten, abgetrennt von unseren Mitmenschen und vom Kosmos. Die Welt ist keine Maya. Sie ist eine Realität, genau wie die Materie und sogar die Lügen und die Hölle eine Realität sind. Die Täuschung liegt darin, dass wir uns von dem kosmischen Leben, von dem einen allumfassenden Wesen getrennt glauben, das wir weder empfinden noch verstehen können, weil unser niederes Ich uns daran hindert.

Wer durch Meditation und Übungen zur Identifikation wieder zu sich selbst findet, entdeckt als Erstes, dass es nicht zahlreiche voneinander getrennte Wesen gibt, sondern nur ein einziges, das in allen Geschöpfen wirkt, sie beseelt und sich selbst ohne ihr Zutun äußert. Ja, ein einziges Wesen, das alle ihre Äußerungen lenkt und steuert. Wer diese Wahrheit erkannt hat, kann nicht mehr in Entzweiung leben oder Krieg führen. Für ihn ist die ganze Welt ein kollektives Wesen.

Ich möchte euch ein Beispiel geben: Nehmt einmal an, mehrere Gläser in unterschiedlichen Farben, Formen, Materialien und Größen stünden auf dem Tisch. In alle Gläser gieße ich das gleiche Parfüm. Die Behälter sind also verschieden, der Inhalt jedoch der gleiche: Sie enthalten alle die gleiche duftende Essenz. Die Gläser bleiben an ihrem Platz stehen und behalten ihre Form, aber ich bemerke, dass die Essenzen aufsteigen und sich verbreiten, und da sie feinstofflich, ätherisch sind, vermischen sie sich in der Luft miteinander. Das Parfüm der einzelnen Gläser findet in einem höheren Bereich wieder zusammen und bildet eine unteilbare Einheit.

Aus diesem Beispiel geht hervor, dass derjenige, der unter dem Einfluss der Personalität überall nur Abtrennung sieht, in der Täuschung lebt.

Wenn er diese Illusion akzeptiert, wird er sich über das wahre Sein der Dinge ewig täuschen. Er macht sich eine trügerische materialistische Philosophie zu Eigen oder sagen wir besser eine Philosophie, die so lange richtig ist, wie es um die Materie, die Form und den Behälter geht, die jedoch falsch ist, wenn es sich um den Inhalt handelt, das heißt, um den Bereich der Seele, des Geistes, der Gedanken und Gefühle, in dem alles verschmilzt und eins wird.

Stellt euch nun einige um einen Tisch versammelte Personen vor, die Freundschaft und Liebe füreinander empfinden. Rein äußerlich gesehen sind sie voneinander getrennt. Aus materialistischer Sicht handelt es sich um unterschiedliche Wesen. Dieser Blickwinkel ist jedoch begrenzt, denn zwischen diesen Personen kreisen feinstoffliche Energien. Es findet also ein Austausch statt, ein Verschmelzen von Kräften und Energieströmen. Aufgrund ihrer gegenseitigen Zuneigung sind sie auf einer bestimmten Ebene miteinander vereinigt. Solange es um Gläser oder physische Körper geht, muss man wohl oder übel die Form, die Umrisse und die Begrenzungen in Betracht ziehen, wenn man sich aber mit dem Duft, mit dem feinstofflichen Leben der Wesen befasst, gibt es weder Konturen noch Grenzen. Ihr könnt nicht sagen: »Hier sind die Grenzen des Dufts, des Lebens, hier hört es auf!« Das ist unmöglich, denn allem, was sich bewegt, was lebendig, strahlend und feinstofflich ist, kann man keine Grenzen setzen.

Ihr könnt zum Beispiel auch die Umrisse meines physischen Körpers, mein Gesicht oder mein Profil zeichnen. Aber bin »ich« der Körper, den ihr zeichnet? Habe »ich« feste Umrisse? Nein, ich bin nicht der physische Körper, sondern das Wesen, das denkt, fühlt und handelt, und es mag sein, dass dies ein wenig weit reichender ist als der Körper, den ihr seht. Das Gleiche gilt auch für euch.

Und die Sonne? Sie steht mit einem festgelegten Umriss, einer bestimmten Form und Dimension am Himmel. Wie kommt es, dass sie uns aus dieser Entfernung berühren kann? Sie ist so weit entfernt und berührt uns trotzdem! Sie kann sich also bis zu uns hin ausdehnen. Nun, was die Sonne kann, können wir auch: nämlich unsere Gedanken in den Raum aussenden. Wenn ihr an jemanden denkt, erreichen eure Gedanken ihn sogar über Tausende von Kilometern hinweg.

Gedanken sind nichts anderes als Ausstrahlungen, Projektionen, die der Quintessenz gleichen, die die Sonne unablässig auf die Erde und Tausende von Lichtjahren über sie hinaus in das Weltall sendet. Die Sonnenstrahlen sind die Gedanken, die Seele der Sonne, die sich in den unendlichen Raum ausdehnen; diese Gedanken sind also die Sonne selbst.

Und die Planeten? Nehmen wir zum Beispiel die Erde: Der flüssige Teil der Erdoberfläche ist größer als der feste. Der luftförmige Teil, die Atmosphäre, ist umfangreicher als der flüssige Teil, und der ätherische Teil ist noch weit reichender, er geht bis über die Sonne hinaus. Da das Gleiche auch für Merkur, Jupiter, Venus usw. gilt, kann man daraus schließen, dass alle Planeten sich berühren, aufeinander einwirken, ineinander übergehen und eine Einheit bilden. Äußerlich sind sie voneinander getrennt und entfernt, aber innerlich, ich meine auf der feinstofflichen Ebene, gehen sie ineinander über. Genau wie die Planeten berühren auch wir einander durch unsere Gedanken und Ausstrahlungen. Seht ihr, das ist das wahre Wissen, die wahre Philosophie.

Wenn der Mensch sich mit seiner höheren Natur identifiziert, findet er zu sich selbst zurück und erkennt sein eigentliches Wesen, das heißt er wird sich als eines Teils der Gottheit bewusst. In der Bibel steht: »Ihr seid Götter« (Psalm 82,6). Ja, die Menschen sind Götter. Leider gleichen sie oft Tieren, die sich gegenseitig verschlingen und töten, weil ihre Selbsteinschätzung zu tief, nämlich im Bereich der Personalität angesiedelt ist, und hier fühlen sie sich begrenzt und von den anderen getrennt.

In Wirklichkeit sind wir alle eins. Wenn ihr jemandem etwas Schlechtes antun wollt, solltet ihr erst einmal überlegen, dass ihr euch damit selbst schadet, denn ihr lebt in dem anderen und er in euch. Die wahre Moral beginnt mit der Erkenntnis, dass das dem anderen zugefügte Leid einen selbst trifft. Wenn ein Mensch, den ihr liebt, leidet oder geschlagen wird, schmerzt es auch euch. Und wenn ihm ein großes Glück widerfährt, freut ihr euch ebenso daran, als hättet ihr es selbst erlebt. Habt ihr nicht selbst schon diese Erfahrung gemacht? Sie ist erst dann möglich, wenn der Mensch von der Philosophie des Einsseins, der Liebe, der Universalität, der wahren Selbsterkenntnis also, durchdrungen ist.[1] Andernfalls freut man sich über das Leid des anderen. Ja, so ist es leider, man freut sich und jubiliert, wenn den anderen ein Missgeschick widerfährt!

Es ist die Personalität, die die Menschen auf diesem niederen Bewusstseinsstand hält. Aber sie merken deshalb nichts davon, weil sie sich mit ihr identifizieren, anstatt mit der höheren Natur. Gewiss, manche Triebe und Wünsche sind schwer zu überwinden. Aber man sollte sich wenigstens bewusst werden, dass solche Wünsche nicht dem wahren Selbst entspringen. Wenn ihr euch auf diese Weise von eurer Personalität distanziert, schwächt ihr sie und könnt euch leichter mit eurer höheren Natur verbinden und identifizieren.

Wie konnten die Menschen das Licht so weit verlieren, dass sie den »Inhalt«, das Wesen, die Seele, die wir alle haben, außer Acht ließen? Wie ist es möglich, dass sie das Lebendige, Intensive, Feinstoffliche ignorieren und sich lediglich mit dem Materiellen, Toten befassen? Sie sollten begreifen, dass diese Einstellung sehr gefährlich ist, denn wenn man sich auf die Materie konzentriert, identifiziert man sich mit ihr, wird genauso unbeweglich und starr wie sie und ist jedem Feind auf Gnade und Ungnade ausgeliefert. Man sollte beweglich sein können, bereit, den Ort zu wechseln und sogar wie die Vögel davonzufliegen, dann ist man nicht mehr von den Umständen abhängig. Alle beweglichen, lebendigen und feinen Wesen sind unfassbar. Sie lassen sich nicht einfangen, sie entkommen, fliegen davon und stehen über den Dingen. Ihr werdet einwenden: »Ja, aber schließlich haben wir noch einen physischen Körper!« Das ist wahr. Er ist schwer, materiegebunden und jeder Gefahr ausgesetzt. Aber versucht einmal, die Seele, den Geist, das Bewusstsein eines Menschen zu ergreifen! Etwas im Menschen steht über allen Umständen und Gegebenheiten. Man kann das Glas ergreifen, nicht aber den in der Luft schwebenden Duft.

Wer zu tief in die Materie hinabsteigt, ist von anderen abhängig, die dann über ihn verfügen. Das gilt für die meisten Menschen. Andere verfügen über sie, stellen sie hierhin oder dorthin, stoßen sie in jene Ecke, entfernen sie, schicken sie zurück, nehmen sie gefangen oder töten sie. Daraus schließe ich Folgendes: Wenn ihr alle Umstände bewältigen wollt, wenn kein Unglück, kein Schicksalsschlag euch in die Knie zwingen soll und ihr über jeder Situation stehen wollt, müsst ihr immer höher aufsteigen und dürft euch vor allen Dingen nicht zu sehr mit der Materie identifizieren. Dann können Zweifel, Erschütterungen und Verlust euch nichts mehr anhaben. Nichts berührt euch mehr, denn ihr steht über den Dingen, ihr seid in höhere Sphären aufgestiegen.[2]

Wenn ihr diesen göttlichen Bewusstseinsgrad erreichen wollt, müsst ihr oft über die Formel: »Ich bin Er« meditieren und sie aussprechen. »Ich bin Er« bedeutet: Nur Er existiert, ich nicht. Ich bin nur eine Spiegelung, ein Schatten. Der Mensch als einzelnes Geschöpf existiert nicht. Er ist ein Teil Gottes, der allein eine eigene Existenz hat. Gott allein existiert, wir sind nur eine Projektion von Ihm. Der Satz: »Ich bin Er« bedeutet, dass wir nicht außerhalb von Gott existieren, dass wir uns mit Ihm verbinden, uns Ihm nähern, bis wir Ihm eines Tages gleichen. Seit Tausenden von Jahren überliefert die Geschichte uns Zeugnisse von Menschen, denen die Identifikation mit dem Herrn gelungen ist und denen Macht, Erleuchtung und Ekstase zuteil geworden ist. Solange der Mensch seine wahre Natur nicht kennt, identifiziert er sich mit seinem physischen Körper, seinen Gefühlen und Gedanken. Er weiß nicht, dass diese nicht der wahren Realität entsprechen und bleibt deshalb schwach und krank.

Anmerkungen

1. Siehe Band 242 der Reihe Izvor »Unerschöpfliche Quellen der Freude«, Kapitel 10: »Unsere Zugehörigkeit zum Lebensbaum«.
2. Siehe Band 241 der Reihe Izvor »Der Stein der Weisen«, Kapitel 3, Teil 1: »Ihr seid das Salz der Erde«.

Kapitel 4

Über die Möglichkeit, den Begrenzungen der niederen Natur zu entgehen

Alle Schwächen wurzeln in der Personalität. Deshalb ist es völlig unnötig, sich mit ihnen zu beschäftigen, denn um nur eine einzige abzulegen, braucht man ein ganzes Leben, wenn nicht mehr! Ihr solltet euch um die Wurzel kümmern, denn sie nährt alle Schwächen. Die Personalität wird durch die Ichbezogenheit charakterisiert. Wenn der Mensch sich seiner Personalität überlässt, sieht und umsorgt er nur sich selbst und hält sich selbst für den Mittelpunkt der Welt. Alles soll sich um ihn drehen, ihn zufrieden stellen, ihn liebevoll anblicken und ihn nach seinen Wünschen fragen.

Betrachtet einmal ein verliebtes Paar. Wenn der junge Mann seiner Freundin keinen zärtlichen Blick schenkt (oder sie ihm), wird sie wütend: »Wie kann er mir nur so etwas antun?! Mich nicht anzusehen, mir kein liebes Wort zu sagen, mich nicht zu besuchen!« Dass er keine Zeit hatte oder erschöpft war, spielt keine Rolle; sie denkt gar nicht an ihn. Und schon beginnen die Vorwürfe. Die Personalität kennt weder Freigebigkeit noch Mitleid noch sonst etwas. Sie will alles besitzen, alles vereinnahmen, und da sie unersättlich ist, ist sie nicht nur undankbar, sondern außerdem noch beleidigt, weil man ihr nicht mehr gegeben hat. Dieser Besitzdrang ist der Ursprung vieler verderblicher Neigungen: Aufruhr, Eifersucht, Grausamkeit, Rachgier usw.

Solange die Personalität einen solchen Raum einnimmt, wird der Mensch immer leiden: weil er nicht beachtet wird, weil man sich nicht um ihn kümmert, weil man ihm nicht nachgeben will oder weil man ihn nicht als einen Helden, ein Genie oder eine Gottheit anerkennen will. Das ganze Leid des Menschen rührt daher, dass er seine niedere Natur so sehr aufgeblasen hat, dass sie ihm nun wie ein Berg den Eingang zum Himmelreich versperrt.

Jesus sagte, dass eher ein Kamel durch ein Nadelöhr gehe als ein Reicher durch das Tor des Himmels. Es ist nie richtig erklärt worden, warum Jesus für sein Gleichnis ausgerechnet ein Kamel wählte. Nun, ich wollte das herausfinden und habe aus Spaß ein bisschen nachgeforscht. Ihr seht, auch ich amüsiere mich! Die Leute wünschen einander immer viel Spaß, und ich dachte mir, dass ich diesen guten Wunsch verwirklichen sollte. Ich sagte mir also aus Spaß: »Nun lasst uns einmal sehen, welche besonderen Merkmale ein Kamel hat!« Ich fand heraus, dass sein Astralleib auffallend klein ist, weil es so genügsam ist. Es durchquert die Wüste, ohne zu fressen und zu trinken. Der Astralleib eines Reichen dagegen ist so gewaltig aufgetrieben, weil er die ganze Welt verschlingen will. Deshalb passt er nicht durch das Tor des Reiches Gottes. Dort können nur diejenigen eintreten, die ihre Gelüste und Begierden gezügelt haben. Das ist der tiefe Sinn der Worte Jesu, die sonst sinnlos wären. Wie soll ein Kamel mit seinem großen Körper durch ein Nadelöhr schlüpfen, während ein vielleicht ganz magerer, dünner Reicher nicht durch das Himmelstor passt?

Die Personalität ist nur deshalb so aufgebläht, weil Ausbildung und Erziehung den Menschen stets dazu anhalten, seine egoistische Natur zu entwickeln. Und jetzt hat sie sich wie ein riesiges Geschwür in ihm festgesetzt. Man kann die Leute kaum noch berühren, man kann fast nichts mehr tun oder sagen, ohne eine krankhafte Reaktion hervorzurufen. Das ist nicht normal. Die Menschen müssen lernen, ihre Individualität zu entfalten, sie müssen sich selbst ein wenig vergessen und versuchen, sich in die Lage des anderen zu versetzen. Sie sollten sich sagen: »Wenn er nicht gekommen ist, um mir dieses oder jenes zu bringen, war er vielleicht beschäftigt, müde oder krank.« Und anstatt sich durch Rachegedanken nervlich aufzureiben, sollten sie ruhig und vernünftig bleiben.

Wenn man den Weisen und Eingeweihten die Erziehung überlassen würde, würden sie den Menschen Methoden zur Entfaltung ihrer höheren Natur, der freigebigen, uneigennützigen Individualität, geben. Heutzutage werden die Kinder nicht mehr erzogen. Man begnügt sich damit, sie zu belehren, was ihre Personalität fördert.[1] Also benimmt sich jeder so, als wäre er allein auf der Welt. Er hält sich selbst für den Mittelpunkt des Universums und will von jedem bedient werden. Wie sollen die Menschen mit einer solchen Einstellung noch miteinander auskommen? Aufgrund der ausschließlichen Entwicklung der Personalität sieht man überall nur Unzufriedenheit, Aufruhr und Streit. Schuld daran sind die Schulen und Universitäten, die der Ausbildung eine falsche Richtung gegeben haben. Wenn ich für das Schulwesen verantwortlich wäre, nehmen wir es nur einmal an, würde ich die Kinder und Jugendlichen anders ausbilden, und alles würde sich bessern. Natürlich erst nach mehreren Jahren, aber ändern würde sich die Situation auf jeden Fall.

Ich möchte euch jetzt ein Beispiel für das übliche Verhalten der Menschen geben. Es ist vielleicht etwas übertrieben, aber es zeigt die Mentalität der meisten Menschen ganz gut. Nehmen wir ein Ehepaar und betrachten wir einmal, wie es sich zwischen ihnen verhält. Der Mann geht morgens zur Arbeit und sagt: »Auf Wiedersehen, Liebling!« und sie antwortet: »Auf Wiedersehen,

Liebling!« Sie geben sich einen gewohnheitsmäßigen Kuss, bei dem jeder an etwas anderes denkt. Sobald die Tür zu ist, beginnt die Frau zu schimpfen: »Wie konnte ich nur einen Mann heiraten, der so faul, unfähig und ungeschickt ist! Der Nachbar, das ist ein Mann! Man braucht nur seinen neuen Wagen anzusehen und den Schmuck, den er seiner Frau geschenkt hat... Was für ein Unglück!« Sie klagt und zetert: »Es ist nicht mehr zum Aushalten! Wenn dieser Dummkopf heute Abend nach Hause kommt, werde ich es ihm zeigen, er wird etwas zu hören bekommen!« Und den ganzen Tag über bereitet sie sich schon darauf vor, indem sie herumwettert und sich die eigene Existenz vergiftet.

Und was macht der Mann? »Ha, diese... (ich erspare euch das Wort!), wie konnte ich nur so dumm sein und so eine Frau heiraten? Sie ist so gewöhnlich und dumm! Sie hat nichts anderes im Kopf, als mit ihrem Hündchen in den Geschäften herumzubummeln und sich mit ihren Freundinnen in Konditoreien vollzustopfen. Ich dagegen muss mich hier im Staub und Lärm abrackern, um das Geld zu verdienen, das sie dann für Flitterkram ausgibt. Das kann nicht so weitergehen! Wenn ich nach Hause komme, werde ich ihr sagen, was ich von all dem halte!« So nörgeln beide den ganzen Tag herum, und wenn sie abends zusammenkommen, zerreißen sie sich gegenseitig. Am nächsten Tag fängt die gleiche Geschichte wieder von vorne an.

Jetzt wollen wir einmal sehen, wie es sein sollte: Wenn die Eheleute sich morgens verabschieden, küssen sie sich zärtlich und liebevoll. Wenn der Mann aus dem Haus gegangen ist, sagt die Frau sich: »Ach der Arme, wenn ich daran denke, welche Opfer er für mich bringt! Wie konnte er, ein so edler, rechtschaffener, ehrlicher Mann mich überhaupt heiraten! Wie liebevoll er ist. Wie zärtlich er mich umarmt! Er arbeitet den ganzen Tag... und unter welchen Umständen! Er hat keine Minute zum Verschnaufen. Während ich so viel Freizeit habe und mich ausruhen oder spazieren gehen kann. Ich werde ihm heute Abend eine leckere Mahlzeit bereiten!« Auf diese Weise denkt sie den ganzen Tag liebevoll an ihn und ist glücklich dabei.

Währenddessen sagt sich der Mann: »Warum habe ich sie geheiratet? Sie ist ein armes Opfer. Sie putzt den ganzen Tag. Sie kümmert sich um die Kinder, sie wäscht und kleidet sie. Sie hat nie Zeit zum Spazieren gehen. Während ich mit meinen Freunden in die Gastwirtschaft gehe und mich unterhalte, bleibt die Ärmste den ganzen Tag allein zu Hause und wartet, dass die Kinder aus der Schule kommen. Ja, der Himmel hat mir wirklich eine liebe Frau geschenkt! Ich will sie nicht vernachlässigen.« Auf dem Heimweg kauft er ihr Blumen oder ein kleines Geschenk, um sie zu überraschen. Und wenn sie sich abends wiedersehen, sind sie glücklich wie die Turteltauben und umarmen sich... Welch eine Liebe!

In Wirklichkeit ist das Ehepaar der zweiten Geschichte vielleicht nicht besser als das der ersten, es hat nur einen anderen Standpunkt, eine andere Einstellung. Und diese ist so leicht zu verwirklichen! Sich selbst kann man nicht so leicht ändern, aber wenn man seinen Standpunkt ändert, ändert sich alles andere von selbst. Personalität und Individualität sind auch eine Sache der Einstellung.[2]

Man darf nicht zu sehr auf die Forderungen der Personalität eingehen. Auch wenn die Unzufriedenheit begründet ist, sollte man sie zur Vernunft bringen und sagen: »Hör zu, wenn ich mich jetzt nach dir richte, bekomme ich nur Schwierigkeiten. Also musst du ein bisschen vernünftiger werden.« Nach so einer kleinen Unterhaltung ist die Personalität dann etwas weniger aufgeblasen. Und das ist ganz gut, denn sie darf ihre Grenzen nicht überschreiten, das heißt sie darf uns keine Ratschläge geben. Sie soll Ratschläge annehmen, darf selbst aber keine erteilen, denn sonst läuft alles schief. Aber da sich auf diesem Gebiet niemand auskennt, richtet sich jeder nach seiner Personalität. Ich habe selbst gesehen, dass sogar die gebildetsten, gelehrtesten und intelligentesten Leute sich unbewusst von ihr leiten lassen. Sie glauben, selbst zu entscheiden, aber in Wirklichkeit entscheidet die Personalität. Sie klebt wie eine zweite Haut an den Menschen, aber sie ist nicht der Mensch selbst. Der Mensch ist die Individualität, d. h. alles, was klug und weise, lichtvoll, unsterblich und stark ist.

Aber er ist noch nicht gewohnt, in der Individualität zu leben und sich mit ihr zu identifizieren. In ihrem Bereich schläft er noch, während er im Bereich der Personalität hellwach ist, und da liegt der Fehler.

Solange ihr euch mit der Personalität identifiziert, seid ihr verletzbar, denn sie veranlasst euch stets zu Forderungen, die die anderen nicht erfüllen können. Die Menschen haben alle ihre eigenen Sorgen und Probleme, und wenn ihr ständig auf die Hilfe und das Verständnis der anderen wartet, werdet ihr nie glücklich sein. Eine Zeit lang mag euch jemand zur Seite stehen, aber bald darauf hat er euch verlassen. Deshalb sage ich euch: Wenn ihr ewig erwartet, dass man euch aufsucht, schätzt und liebt, werdet ihr leiden müssen, denn ihr zählt auf Dinge, die zu ungewiss sind. Heute liebt man euch, aber wer weiß, was morgen geschieht. Man darf nicht auf die Liebe der anderen zählen. Gewiss, andere mögen euch lieben und dies vielleicht sogar unaufhörlich. Ihre Liebe ist willkommen, aber ihr dürft nicht auf sie zählen. Wollt ihr glücklich sein?[3] Dann verlangt nicht nach Liebe, sondern liebt selbst Tag und Nacht; dann seid ihr stets glücklich. Vielleicht werdet ihr eines Tages auf die große Liebe stoßen. Ja, warum nicht? Das kann passieren, aber warten dürft ihr nicht darauf. Ich habe das Problem so gelöst: Ich zähle auf meine eigene Liebe, ich will lieben. Wenn die anderen nicht lieben wollen, ist das ihre Angelegenheit, sollen sie ruhig unzufrieden bleiben, ich aber bin glücklich. Die Frage ist also geklärt. Wenn ihr eine bessere Lösung findet, könnt ihr es mir gerne sagen.

Ich habe mich so eingehend mit der Personalität beschäftigt, dass ich völlig über sie im Bilde bin. Ich weiß genau, wie sie geht, isst, lacht, spricht und was sie empfiehlt. Es ist wirklich ganz erstaunlich, sie ist eine Welt für sich. Auch ihr solltet ihre Gesten, ihre Sprache, ihren Blick und sogar ihre Farben studieren. Die Personalität hat nie helle Farben, sie strahlt nie oder nur in den Momenten sexueller Erregung. Da leuchtet sie kurz auf, aber bald darauf ist sie wieder stumpf und erloschen. Und wenn sie beleidigt ist, wirft sie mit pechschwarzen Blicken um sich! Da weiß man sofort, dass es die Personalität ist, die einen anschaut. Natürlich kann sie auch streicheln und zärtlich sein, aber nur weil sie etwas erreichen will. Die Individualität kann auch streicheln und zärtlich sein, aber sie schenkt euch den Himmel, Poesie und Musik. Beide Naturen können also zärtlich sein. Allerdings gibt es in ihrem Kuss einen Unterschied, den ihr sicherlich nie bemerkt habt. Oder wisst ihr, ob ihr von der Personalität oder der Individualität eines Menschen geküsst werdet?

Ich kann euch auch auf diesem Gebiet weiterhelfen. Wenn die Personalität küsst, saugt sie euch wie ein Blutegel aus und nimmt euch eure Kraft. Die Personalität des anderen wird stark, während ihr schwach werdet und euren Magnetismus verliert, denn sie hat euch alles genommen. Bei der Individualität jedoch fühlt ihr euch tagelang beseelt und innerlich reich. Das ist wieder eine neue Erkenntnis! Wenn die Personalität euch küsst, will sie nehmen, ohne sich darum zu kümmern, in welchem Zustand ihr nachher seid. Sie gibt keinen Heller darauf. Ihr Ziel ist nur sich selbst zu befriedigen. Die Individualität dagegen will euch so viel vom Überfluss ihres Herzens, ihrer Seele schenken, dass ihr euch tagelang schön, innerlich reich und erfüllt fühlt. Die Männer und Frauen sollten unterscheiden lernen, ob Personalität oder Individualität sich in der sogenannten Liebe äußern.

Das ist gar nicht so leicht, denn die Personalität ist ganz groß darin, euch auszutricksen und mitzureißen. Sie versteht sich glänzend auf Schönheit, Musik, Poesie und Tanz. Sie ist reizend und kann erstaunlich vielseitig sein! Aber ihr Ziel ist, euch zu verschlingen. Sie kann tanzen, sie kann euch liebevoll anschauen, euch schmeicheln und streicheln; sie weiß euch richtig zu nehmen. Sie ist wirklich charmant, wunderschön und poetisch! Ja, aber wenn ihr in ihre Netze geht, werdet ihr verspeist. Warum ist sie eigentlich so schön? Um euch besser einzufangen. Das habt ihr nicht gewusst, nicht wahr? In der Individualität gibt es auch eine Poesie, eine Musik und einen Duft, aber bei ihr ist es etwas anderes, sie will euch damit nicht verschlingen und fesseln, sondern euch befreien, beleben und verschönern. Es kommt also auf das Ziel an. Solange man dies nicht kennt, kann man kein Urteil abgeben. Weiß ein junges Mädchen, warum ein junger Mann ihr Schmuck schenkt? Dem Anschein nach ist es fabelhaft... aber was steckt dahinter? Er will sie nur besser ausnutzen.

Die Personalität ist gar nicht dumm. Sie ist sogar so klug, dass sie euch die Sterne vom Himmel holt, um euch zu überzeugen, dass ihr eure Arbeit für das Gute und für eure geistige Entwicklung aufgeben müsst. Sie kann euch überzeugen, weil sie nicht allein ist, sie hat ein ganzes Volk von Gelehrten, Künstlern usw. in sich. Ja, sie hat erstaunlich viele Fähigkeiten, aber sie muss beherrscht werden.

Anmerkungen

1. Siehe Band 233 der Reihe Izvor »Eine Zukunft für die Jugend«, Kapitel 4: »Die Stimme der höheren Natur«.
2. Siehe Band 14/15 der Reihe Gesamtwerke »Liebe und Sexualität«, Band 14, Kapitel 18 und 21 »Wie kann man den Begriff der Ehe erweitern?« und »Analyse und Synthese«.
3. Siehe Band 231 der Reihe Izvor »Saaten des Glücks«, Kapitel 17: »Liebt, ohne Gegenliebe zu erwarten!«.

Kapitel 5

Die Sonne, Symbol der göttlichen Natur

Schon nach einem flüchtigen Blick auf das Leben der Menschen stellt man fest, dass alle Schwierigkeiten, egal ob sie persönlicher, sozialer, politischer oder wirtschaftlicher Art sind, auf die egoistische Einstellung der meisten Menschen zurückzuführen sind. Ihr Motto, ihr Grundsatz, ihr Ideal besteht darin, immer alles auf sich selbst zu beziehen, das heißt zu nehmen. Kultur und Zivilisation haben das Nehmen zum Leitmotiv gemacht, sind darauf bedacht. Man studiert, arbeitet, heiratet und trifft sich mit der Absicht, etwas zu nehmen. Das ganze Denken ist darauf ausgerichtet. Deshalb strahlen die Menschen kein Licht, keine Herzenswärme und kein Leben mehr aus. Das Nehmen ist ihnen zur Gewohnheit geworden. Selbst wenn Mann und Frau einander lieben, denken beide nur an sich selbst.

Diese Neigung ist der auffälligste Charakterzug der Personalität. Wie ich bereits sagte, ist die Personalität, in der die Dreiheit Verstand, Herz und Wille ihre niedere Ausdrucksform findet, eine umgekehrte Spiegelung der Individualität. Wenn die Personalität nun auf widerstrebende Kräfte stößt, die ihre egoistischen Neigungen zu hemmen scheinen, setzt sie alle intellektuellen, affektiven und willensbezogenen Fähigkeiten ein, um ihr Ziel zu erreichen.

Die höhere Natur dagegen will erleuchten, sprudeln, strahlen. Sie möchte geben, helfen, unterstützen. Ihr einziges Bestreben ist, etwas von sich selbst zu geben, sie will großzügig und uneigennützig sein. Deshalb liegt ihr nichts daran, ihren Besitz zu behalten, und sie ist nicht verärgert, wenn man ihr ihren Reichtum nimmt. Im Gegenteil, sie freut sich, wenn andere durch sie Trunk und Labsal finden und zum Licht geführt werden. Da auch die Individualität eine Dreiheit ist, in der sich Verstand, Herz und Wille äußern, will ihr Verstand die Menschen erleuchten, ihr Herz Wärme verströmen und ihr Wille jedes Wesen beleben und erlösen.

Die Grundeigenschaft der höheren Natur ist also das Geben. Eigentlich sind alle Tugenden immer ein Ausstrahlen, ein Verströmen des Zentrums auf den Umkreis hin, das Bedürfnis, etwas von sich selbst zu opfern. Die Individualität gleicht damit der Sonne, während die Personalität der

Erde gleicht, die nimmt. Die Erde gibt dem Kosmos nichts. Vom Weltraum aus gesehen leuchtet sie vielleicht ein bisschen, und wenn die Bewohner von Jupiter oder Saturn ein Fernrohr hätten, würden sie vielleicht sehen, dass von der armen Erde nur ein schwacher Schein ausgeht, ähnlich dem des Mondes oder der anderen Planeten. Aber dieses Licht ist nicht ihr eigenes. Die Erde kann kein Licht verströmen, weil sie noch zu egoistisch ist und Egoisten kein Licht ausstrahlen. Das Licht ist etwas, was der Mensch von sich selbst preisgeben muss, das heißt, es ist eine Äußerung der Liebe, der Selbstlosigkeit.

Die Sonne veranschaulicht die Tendenz zu geben, die Erde hingegen die Tendenz zu nehmen. Das soll nicht heißen, dass die Erde überhaupt nichts gibt. Doch, mit dem, was sie erhält, bringt sie Blumen und Früchte hervor, aber nur für sich selbst. Glaubt ihr etwa, andere Planeten hätten etwas von ihren Blumen und Früchten? Nein, sie behält alles für sich selbst oder für ihre Kinder, was auf das Gleiche herauskommt. Die Erde verarbeitet das Erhaltene, behält jedoch die Erzeugnisse für sich. Die Personalität macht es genau so. Die Sonne dagegen sendet das von ihr Erzeugte weit in den Weltraum hinaus, damit unzählige andere Geschöpfe davon profitieren. Hier haben wir also die beiden Grundsätze: das Nehmen, Vereinnahmen und das Geben, Verströmen. Für Letzteres ist die Sonne das beste Vorbild.

Morgens beim Sonnenaufgang erlebt ihr die höchste Offenbarung der Individualität, des Geistes, der Gottheit: welch ein Strahlen, welch eine Freigebigkeit, welch eine Hingabe![1] Ihr seht euch die Sonne an, aber da niemand euch erklärt hat, was da vor sich geht und wie es zu deuten ist, könnt ihr euer Leben lang dem Sonnenaufgang beiwohnen und trotzdem weiter dem Gesetz der Erde, der Personalität – dem Gesetz des Nehmens – folgen. Sobald ihr aber begreift, was ein Sonnenaufgang ist, wird euch die Macht, die Erhabenheit und die Unermesslichkeit des Gebens bewusst werden, und dann werdet ihr an eurer Veränderung arbeiten. Jeden Tag werdet ihr euch über eure Fortschritte freuen, bis ihr dann schließlich der Sonne gleicht.

Ihr müsst lernen, wie die Sonne bedingungslos zu geben. Viele Menschen erwarten immer eine Gegenleistung, wenn sie ein kleines Opfer bringen. Sie möchten zumindest ein dankbares Wort, ein Lob oder ein Kompliment hören, und jeder hält dies für selbstverständlich. Ja, aber das sind die Maßstäbe der Erde und nicht die der Sonne.[2]

Eine egoistische Einstellung wirkt sich immer sehr ungünstig auf den Menschen aus. Wenn man nichts gibt und alles für sich behält, verstopfen bestimmte Kanäle im Inneren des Menschen. Und ihr wisst, was geschieht, wenn Abflussrohre verstopft sind oder eine Quelle versiegt? Die faulenden Substanzen verbreiten einen üblen Geruch und ziehen Ungeziefer an; ganz einfach weil kein Wasser mehr fließt. Im Menschen passiert genau das Gleiche, denn die Personalität ist wie ein stehendes Gewässer.

Gewiss, auf der anderen Seite gibt es nichts Schlaueres als die Personalität. Sie weiß sich immer zu helfen, denn sie will essen, sie will besitzen. Ja, diesbezüglich ist sie tatkräftig, schnell und sogar brutal. Die Individualität ist dagegen nicht so gewandt und dynamisch, aber das Wunderbare an ihr ist, dass sie ständig fließt, belebt, befruchtet und erleuchtet. Die Individualität ist eine Quelle, die den Menschen mit Liebe und Güte, Reinheit, Fülle und Großzügigkeit überflutet, sodass er sich geläutert, leicht und lichtvoll fühlt.

Ihr seht, es ist ganz leicht, geistig voranzukommen. »Was? Es soll leicht sein, sich zu entwickeln?« werdet ihr sagen, »seit Jahren bemühen wir uns und kommen nicht weiter.« Ja, weil ihr euch nicht auf das Wesentliche konzentriert, weil ihr nicht dem Gesetz der Hingabe und Aufopferung folgt. Was ihr auch tut, ihr tut es immer für euch selbst, um euch selbst zu bereichern. Auch beim Lesen oder Studieren wollt ihr nehmen. Erst wenn ihr das aus Büchern oder im Leben Erlernte weitergebt, wandelt ihr euch. Gewiss, die Menschen arbeiten, aber immer nur, um zu nehmen, um mächtiger zu werden, um Filialen zu eröffnen, die sich wie Fangarme ausbreiten. Die Menschen arbeiten nicht, um zu geben.

Auch Jesus hat diesen Punkt erläutert; natürlich nicht mit denselben Worten wie ich, aber wenn man die Evangelien richtig interpretiert, erkennt man, dass Jesus die Bedeutung der Entsagung lehrte. Als ein reicher junger Mann ihn fragte, was er tun solle, um das ewige Leben zu besitzen, sagte Jesus: »Willst du vollkommen sein, so gehe hin, verkaufe, was du hast, und gib's den Armen und folge mir nach« (Mt 19,21). Als der junge Mann diese Worte hörte, wurde er traurig, denn er war noch nicht bereit zu diesem Opfer und ist Jesus deshalb nicht gefolgt. Diese Forderung Jesu beweist, dass er die Bedeutung der beiden Gesetze Nehmen und Geben kannte. Warum soll man geben? Um sich zu befreien, um ihm zu folgen und wie die Sonne zu werden. Ihr seht, dass es sich trotz der unterschiedlichen Formulierung um dieselbe Idee handelt.

Wenn ihr mich richtig verstanden habt, werdet ihr die Sonne fortan mit anderen Augen ansehen, und dies wird zu einer großen Veränderung in euch führen. Alles hängt vom richtigen Verständnis ab. Ja, durch eine tiefe, wahre Einsicht vermag der Mensch himmlische Kräfte in sich auszulösen. Dann wandelt er sich, fängt an wie die Sonne zu geben und entdeckt, dass er sich innerlich noch nie so reich, so klar und mächtig gefühlt hat.

Jesus hat auch gesagt: »Und wenn jemand mit dir rechten und dir deinen Rock nehmen will, dem lass auch den Mantel« (Mt 5,40). Warum? Um der Sonne zu gleichen. Jesus sagte nicht: »Gleicht der Sonne!« aber er meinte dasselbe: innerlich so stark werden, dass man über jeder Angst steht. Die Angst muss überwunden werden, denn in den Evangelien heißt es auch, dass nur die Wagemutigen ins Himmelreich kommen werden. Es ist die Personalität, die Angst hat, nie die Individualität. Die Personalität fürchtet sich, weil sie sich arm, isoliert und verletzlich fühlt. Sie will stets nehmen und ansammeln, um ihr Dasein zu sichern. Wenn man Angst hat, kann man keine Liebe äußern. Angst und Liebe sind unvereinbar. Wo Liebe waltet, gibt es keine Angst. Die ängstliche Personalität dagegen ist zu den schlimmsten Missetaten fähig.[3]

Um euch den Zusammenhang zwischen der Sonne und unserer göttlichen Natur deutlicher zu machen, möchte ich euch zeigen, wie das Newton'sche Gesetz sich auf die geistige Ebene übertragen lässt. Newton hat das Gesetz der kosmischen Anziehungskraft entdeckt, das er folgendermaßen formulierte: Die Kraft, mit der die Sonne die um sie kreisenden Planeten anzieht, ist proportional dem Produkt ihrer Masse und umgekehrt proportional dem Quadrat ihrer Entfernung. Also ist die Anziehungskraft proportional der Masse der Körper und umgekehrt proportional ihrer Entfernung.

Später haben die Physiker einen anderen Versuch durchgeführt: Sie haben denselben Gegenstand am Pol und am Äquator gewogen und festgestellt, dass er am Äquator weniger wiegt als an den Polen. Warum? Weil die Erde an ihren Polen leicht abgeplattet ist und die Entfernung vom Erdmittelpunkt zum Pol geringer ist als bis zum Äquator. Die Anziehungskraft ist also größer und der Gegenstand schwerer. Wenn der Gegenstand sich aber von der Erde entfernt, unterliegt er von einem bestimmten Punkt an nicht mehr der Anziehungskraft der Erde und wird schwerelos. Angenommen er kommt in den Anziehungsbereich der Sonne, dann wird er demselben Gesetz entsprechend von ihr angezogen. Der Gegenstand, der vorher von der Erde angezogen wurde, steuert nun die Sonne an und wird von ihr angezogen.

Dasselbe gilt für den Menschen, der sich irgendwo zwischen Erde und Sonne, d. h. zwischen Personalität und Individualität befindet. Wenn er der Erde zu nahe steht, wird er von seiner Personalität zurückgehalten und ist sehr schwer. Entfernt er sich jedoch von ihr, dann verliert sie nach und nach ihre Macht über ihn, bis sie schließlich überhaupt keine mehr besitzt und er sich der Sonne, der Individualität zuwendet. Seht ihr, hier gilt das gleiche Gesetz. Aber die Astronomen, die sich immer nur mit dem physischen Bereich befassen, haben nie bedacht, dass es auch auf der geistigen Ebene existiert. Wenn der Mensch sich voll entfalten und im Raum reisen will, muss er sich erst einmal von bestimmten Dingen lösen. Und um sich lösen zu können, muss er sich im Geben üben.

Seht ihr, hier haben wir die Bedeutung des Sich-Entfernens: Entsagung, Aufopferung, Freigebigkeit und Selbstverleugnung.[4] Beim Geben entfernt ihr euch von der Erde, bis ihr eines Tages von der Sonne angezogen und von ihr aufgesogen werdet.

Wenn ihr selbst nach all diesen Erläuterungen immer noch nicht der Philosophie der Individualität folgen wollt, beweist dies, dass die Personalität euch wirklich fest umklammert. Ich weiß natürlich, dass die Personalität seit Tausenden von Jahren durch die Familie und alle möglichen Weltanschauungen so stark geworden ist, dass die meisten Menschen weiterhin ihren Ratschlägen folgen, ganz gleich was man ihnen erklärt. Sie sagen: »Uns geht es ganz gut so. Und wenn wir ein paar Schwierigkeiten haben, kann man auch nichts daran machen. Das ist eben das Leben!« Sie akzeptieren also Leiden und Versklavung und sehen nicht, dass es etwas Besseres gibt.

Ich weiß genau, dass diese Lebensanschauung nie von jemandem angenommen werden wird, der derart in den Krallen der Personalität steckt, dass er kein Verlangen nach einem höheren Dasein voll Poesie und Schönheit verspürt. Ihr werdet sagen: »Wenn Sie schon im Voraus wissen, dass die Menschen Ihnen nicht folgen, warum sprechen Sie dann noch zu ihnen?« Weil ich weiß, dass einige sich schon etwas von ihrer Personalität entfernt haben. Für sie besteht die Hoffnung, dass sie eines Tages der Schwerkraft der Personalität entrinnen und sich der göttlichen Welt nähern. Wegen der anderen mache ich mir keine Illusionen. Später, vielleicht nach Leid, Schicksalsschlägen, Lektionen und vielen Inkarnationen werden auch sie den Krallen der Personalität entkommen.

Die Personalität tritt entwicklungsgeschichtlich im Tierreich auf. Auch die Tiere haben eine höhere Natur, aber sie schläft noch. Bei den Menschen blitzt sie schon hier und da auf. Sie verlangt nichts anderes, als stärker hervorzutreten und zu herrschen, wie sie es bereits bei den Eingeweihten tut. Unser Ideal sollte darin bestehen, dass wir uns der göttlichen Natur völlig öffnen und sie in uns Wohnstatt nehmen lassen. Wie lange wird das dauern? Wir dürfen nicht auf die Zeit schauen. Und da die Sonne das Symbol des höchsten Ideals ist, haben wir sie als Vorbild genommen.[5] Einige werden sagen: »Aber die Sonne ist doch kein menschliches Wesen!« Das stimmt, aber sie tut mehr als die Menschen. Man sollte also lieber Wesenheiten aufsuchen, die zwar keine Menschen sind, diese aber übertreffen, anstatt bei Menschen zu bleiben, die ständig schwach, finster, böse, egoistisch und gewissenlos sind.

Auch wenn die Sonne nur ein Felsblock oder flüssiges Metall wäre, würde mich das nicht stören. Sobald sie Eigenschaften äußert, die denen des Menschen überlegen sind, denn sie verströmt Licht, Wärme und Leben, wende ich mich an sie ohne zu fragen: »Ist sie ein Mensch, ein Stein oder ein Metall?« Ich sehe nur, dass ihre Eigenschaften die der Menschen weit übertreffen, und deshalb gehe ich zu ihr. Denn bei ihr erhebe ich mich, bei ihr wachse ich, bei ihr werde ich einsichtiger, bei ihr werde ich gesund. Bei den Menschen dagegen wird man oft krank und unglücklich. Einige werden sagen: »Mein Gott, wie kann man nur so verschroben sein! Jetzt behauptet er auch noch, die Sonne wäre intelligent und besäße gute Eigenschaften!« Und warum nicht? Ich bin nicht der Einzige. Ich folge dem Beispiel hoher Geister, die mir vorangegangen sind. Ich möchte noch ein weiteres Argument anführen. Wie könnt ihr erraten, was jemand denkt oder im Schilde führt? Wenn er ein finsteres, verschlossenes und bedrohliches Gesicht macht, könnt ihr mit Sicherheit daraus schließen, dass er etwas Böses vorhat. Die Natur hat dies so eingerichtet. Wenn der Mensch verbrecherische Absichten hat, verdunkelt sich sein Gesicht und verliert an Glanz. Will er aber den anderen helfen und ihnen beistehen, erhellt es sich und strahlt.

Kann man aus dieser Beobachtung nicht einen wunderbaren Schluss ziehen? Warum hat die Sonne wohl ein so leuchtendes, strahlendes Antlitz? Weil sie stets nur Gutes denkt. Ja, und ihr Licht ist proportional zu der Erhabenheit ihrer guten Gedanken, ihrer guten Empfindungen, ihrer Liebe und ihrer Wissenschaft. Habt ihr daran schon einmal gedacht? Die Sonne weist uns den Weg: geben, erleuchten, beleben! Aber die Menschen sind von dieser Wissenschaft so weit entfernt, dass sich niemand überzeugen lassen wird. Man wird sagen: »Ach wie poetisch, wie hübsch!« Aber man wird nicht glauben, dass dies die Wahrheit ist. Ja, man wird nur sagen: »Das ist hübsch und poetisch«, aber niemand wird irgendetwas tun, um es zu verwirklichen.

Es gäbe noch so viel zu enthüllen! Im Augenblick ist euch manches nicht ganz klar, weil ihr mit der Sprache der Analogie und der Symbole nicht genügend vertraut seid. Aber Geduld, bald werden die Dinge sich klären!

Anmerkungen

1. Siehe Band 323 »Meditationen beim Sonnenaufgang« aus der Reihe Broschüren.
2. Siehe Band 231 der Reihe Izvor »Saaten des Glücks«, Kapitel 16: »Gebt, ohne etwas dafür zu erwarten!«.
3. Siehe Band 221 der Reihe Izvor »Alchimistische Arbeit und Vollkommenheit«, Kapitel 5: »Die Angst«.
4. Siehe Band 17/18 der Reihe Gesamtwerke »Erkenne dich selbst«, Band 17, Kapitel 5: »Das Opfer«.
5. Siehe Band 10 der Reihe Gesamtwerke »Sonnen-Yoga, Surya-Yoga - Die Herrlichkeit von Tiphereth«.

Kapitel 6

Die niedere Natur beherrschen und als Energiequelle benutzen

Bei der Beobachtung der Personalität werdet ihr feststellen, dass sie sich nicht verbergen kann. Sie hat ihre Verhaltensweisen, ihre eigene unverkennbare Art, Ratschläge zu erteilen, zu fordern, zu schreien und sogar zu drohen. Wenn man ihre Kunstgriffe kennt, kann man sich nicht mehr täuschen. Vorausgesetzt, man macht sich die Mühe, sie zu überwachen und ihre Methoden zu analysieren.

Wenn ihr zum Beispiel etwas von ihr Geschätztes aufgeben wollt, stellt sie in einem günstigen Augenblick einen anderen Aspekt der Dinge dar und überzeugt euch, dass ihr auf einer falschen Fährte seid. Wollt ihr dem Tabak, dem Wein, der Liebe zum Geld oder den Frauen entsagen, dann weiß die Personalität genau, was sie zu tun hat. Im gleichen Augenblick sagt sie: »Was, mein Bester, du hast das Trinken aufgegeben? Das ist ja großartig, das muss gefeiert werden!« Und schon seid ihr in der nächsten Gastwirtschaft, um den Verzicht zu begießen. Sie ist wirklich außergewöhnlich und hat unwahrscheinliche Tricks auf Lager!

Trotzdem sollte die Personalität nicht vernichtet werden, denn sie gleicht einer alten reichen Großmutter, die den Schlüssel zum Geldschrank und zur Vorratskammer verwahrt. Sie besitzt verborgene Schätze und Rohstoffe, nämlich die Instinkte, Begierden, Leidenschaften und Wünsche. Sie ist also stark und mächtig. Ihr einziger Fehler ist, dass sie alles für sich haben will. Ansonsten ist sie sehr tüchtig und geschickt und findet immer eine Lösung. Sie ist nicht durch und durch schlecht, denn durch ihre Egozentrik behütet, bewahrt, erhält und vermehrt sie den Besitz des Menschen. Aber ihr fehlt das moralische Bewusstsein, Rechtschaffenheit, Unparteilichkeit, Güte und Freigebigkeit.

Die Personalität ist nützlich und sogar notwendig, denn sie speist alle unsere Fähigkeiten. Nur muss man klüger sein als sie, sie unterwerfen, zum Gehorsam erziehen und zur Arbeit einspannen, damit man all ihre Fähigkeiten ausnutzen kann. Ihr könnt sicher sein, dass niemand die Arbeit so gut ausführt wie sie: Sie ist eine wunderbare, unermüdliche Arbeiterin, und darum beneide ich sie. Vielleicht ist alles andere an ihr schrecklich, aber sie hat die eine gute Eigenschaft, unermüdlich zu sein. Schaut euch die Spitzbuben, die Gauner und Verbrecher an! Sie sind unermüdlich, weil ihre teuflischen Vorhaben sie nicht in Ruhe lassen. Die netten, freundlichen und lieben Menschen dagegen werden schnell müde! Ihnen fehlt der nötige

Schwung zum Stehlen, Töten oder Rache nehmen, und so bleibt ihnen nicht viel zu tun. Man kann nicht von ihnen verlangen, mehr zu tun, als ihren Lebensunterhalt zu verdienen, die ehelichen Pflichten zu erfüllen, die Kinder zu erziehen und den Hühnerstall zu versorgen. Was für eine Armut! Die Personalität arbeitet vergleichsweise viel mehr; aber wenn ihr sie nicht unterwerft, unterwirft sie euch und nutzt euch aus.

Die Personalität besitzt ungeheure Kräfte, die man genauso anwenden lernen muss wie die Naturkräfte: Elektrizität, Wasser, Wind. Solange die Menschen diese Kräfte nicht zu lenken vermochten, waren sie ihre Opfer. Jetzt können sie diese Energien kontrollieren, benutzen und großartige Dinge durch sie verwirklichen. Warum sollte es mit den inneren Kräften nicht genauso sein? Wenn der Schüler die ihn plagenden und zerreißenden Kräfte einzuspannen weiß, wird aus ihm ein ausgezeichneter Ingenieur. Überall in ihm entstehen dann Kraftwerke, Fabriken und Verbindungskanäle... und alles ist mit Wasser versorgt. Das lernt man in einer Einweihungsschule.

Ihr seht, es gibt noch so viel zu lernen! Zum Beispiel wie man Eitelkeit, Sexualkraft und Zorn einsetzen kann.[1] Bei mir tut die Eitelkeit die ganze Arbeit. Wäre ich nicht so eitel, würde ich überhaupt nichts tun. Ich habe meine Eitelkeit vorgespannt, und nun vollbringt sie Wunder. Warum sollte ich sie dann ablegen? Im Gegenteil, ich gebe ihr ein bisschen Nahrung und Zuneigung, ich lasse sie arbeiten und sie versetzt Berge. Ich habe nie behauptet, nicht eitel zu sein. Im Gegenteil, ich bin stolz auf meine Eitelkeit und auf viele andere Kräfte, die aber alle von mir eingesetzt werden. Wir sollen uns diesen Kräften nicht unterwerfen oder sie bekämpfen, sondern sie gebrauchen.

Ein Eingeweihter hat wie jeder andere Mensch eine Personalität. Er versorgt sie, damit sie nicht verhungert, aber er gibt ihr nicht alles, was sie verlangt. Er erhält sie am Leben und überwacht sie, aber sie ist nicht die Herrin, wie es bei so vielen Ehemännern der Fall ist, die sagen: »Ich bin der Herr im Hause, aber meine Frau befiehlt!« Beim Eingeweihten heißt es: »Ich bin der Herr und die Personalität steht in meinen Diensten.« Ein Eingeweihter vernichtet seine Personalität nicht, er rottet sie nicht aus, wie es viele Einsiedler und Asketen getan haben, die glaubten in Armut, Selbstkasteiung und Entsagung leben zu müssen. Durch eine solche Behandlung wurde die arme Personalität völlig vernichtet: Sie war nutzlos.

Man sollte die Personalität nähren, waschen und für sie sorgen, aber nicht auf ihre Launen und Intrigen eingehen. Lasst ihr ein Dienstmädchen ohne Nahrung und Unterkunft? Wenn ihr Hausangestellte habt, gebt ihr ihnen zu essen und zu trinken, aber sie führen nicht eure Geschäfte und geben euch keine Befehle. Ich weiß, dass es Fälle gab, in denen das Dienstmädchen sich so unentbehrlich machte, dass es schließlich dem Hausherrn Befehle gab. Es konnte zum Beispiel so köstliche Pfannkuchen zubereiten, dass er sie nicht mehr entbehren konnte und sie heiratete: Sie hatte ihn mit ihren Pfannkuchen eingewickelt! Lest die Biografien von berühmten Männern, und ihr werdet sehen, was ich meine. Aber hier spreche ich im Allgemeinen. Ihr solltet das Dienstmädchen nicht umbringen, sondern müsst es zähmen und darauf achten, dass es nicht zu viele Freiheiten hat, denn dann nutzt es eure Abwesenheit aus, um alle Nachbarn zu Speise, Trank und Amüsement einzuladen. Und wenn ihr wieder nach Hause kommt, findet ihr nur leere Schränke und zerbrochene Flaschen vor. Ja! Wenn der Verstand fehlt, verschlingt und beschmutzt die Personalität alles, denn sie lädt ihre Freunde von der Astralebene, niedere Gedanken und Gefühle, ein, um zu prassen.

Um nicht von der Personalität unterjocht zu werden, muss der Schüler lernen, seine Personalität zu unterwerfen. Das ist sehr schwer, denn sie ist durchtrieben und intrigiert ständig, um ihre herrschende Stellung zurückzuerobern. Sobald ihr keinen klaren Überblick mehr habt und unaufmerksam seid, schleicht sie sich ein, unterminiert den Boden und macht euch aufs Neue von ihr abhängig.

Ich möchte euch ein Beispiel nennen. Zwei Länder führen Krieg miteinander. Am Ende siegt ein Land, und das andere muss sich unterwerfen. Es wird besetzt, muss Gebiete abtreten, Steuern zahlen usw. Ja, aber diese Lage ist nie sicher und für alle Ewigkeit gültig. Das besiegte Volk akzeptiert die Niederlage nicht, ist widerborstig und arbeitet heimlich an seiner Befreiung. Natürlich sagt es nichts, aber es untergräbt den Boden, es bereitet das Terrain vor, und wenn die Sieger sich schließlich satt, zufrieden, stolz und berühmt auf ihren Lorbeeren ausruhen, kommt es eines Tages zu Überraschungen, und dann ändert sich die Situation wieder. Solche Phänomene lassen sich in der politischen und wirtschaftlichen Geschichte der Völker nachweisen und können in dieser oder jener Form auch in allen Lebensbereichen, sogar im Innenleben, beobachtet werden.

Man kann die Personalität nie endgültig unterwerfen. Da sie lebendig ist, setzt sie ihre unterirdische Arbeit fort und gibt nicht auf. Man muss bis an die Zähne bewaffnet sein und ständig aufpassen, um sie im Zaum zu halten. Das ist sehr aufreibend. Selbst Heilige und Eingeweihte ermüden zuweilen und müssen nachgeben. Das nutzt die Personalität zum Angriff aus. Denn sie ist hartnäckig, man kann sie so oft ausreißen, wie man will, sie wächst immer wieder nach. Ihr wisst, was Unkraut ist, nicht wahr? Nun, die Personalität ist genau wie Unkraut. Was soll man also tun?

Wir sind nicht stark genug bewaffnet, um allein gegen das Böse anzukämpfen. Es ist gut ausgerüstet und verfügt über ein ganzes Arsenal von Waffen, denen wir vollkommen machtlos gegenüberstehen. In diesem Kampf muss man den Herrn bitten, unser Verbündeter zu werden. Was macht übrigens ein Land, das Krieg führt? Es sucht sich ganz instinktiv Verbündete. Seit Jahrtausenden ist der Mensch so weise, sich Bundesgenossen zu suchen, denn allein ist er nicht stark genug. Auch wir müssen wissen, dass das Böse über so zahlreiche Mittel, Kenntnisse und Möglichkeiten verfügt, dass wir es allein nie besiegen können. Die einzige Lösung besteht darin, uns mit dem Herrn, mit den himmlischen Wesen, den Erzengeln und Gottheiten zu verbinden und sie den Kampf ausfechten zu lassen. Dann sind wir die Zuschauer, die den Kampf beobachten und sehen, wie der Himmel siegt. Nur der Himmel, d. h. das Göttliche in uns, hat alle Macht und alle Mittel, denn was sind wir schon, dass wir es wagen, uns der Macht des Bösen entgegenzustellen?[2]

Versucht also nicht, eure Personalität auszumerzen, denn dabei werdet ihr nicht nur scheitern, sondern euch selbst vernichten. Verbindet euch zunächst mit dem Himmel und wendet euch dann mit der absoluten Überzeugung, dass ihr der wahre Herr seid, an die Personalität: Sie wird gehorchen und der Individualität den Platz überlassen. Ihr müsst aber trotzdem wissen, dass eure Personalität nicht völlig verschwunden ist, auch wenn ihr sie durch die Individualität ersetzt habt. Sie behält einige Wurzeln im physischen Körper, denn er ist ihr letzter Zufluchtsort. Selbst wenn es im Astralleib keine egoistischen Wünsche und im Mentalleib keine finsteren Gedanken mehr gibt, behält sie Stützpunkte im physischen Körper. Dort existiert sie weiterhin, und das ist notwendig. Denn wenn sie völlig von der physischen Ebene verschwände, würde selbst der Herr im Himmel – oder die Individualität – sich nicht offenbaren können. In Wirklichkeit wird sie also weder vollständig noch endgültig ersetzt. Im psychischen Bereich ja, aber im physischen bleibt sie bestehen. Dies lässt sich mit dem Personalwechsel bei einer Behörde, einer Bank oder einer Hochschule vergleichen. Die Bauten bleiben, und alles geht seinen gewohnten Gang, aber die Angestellten werden von Zeit zu Zeit ersetzt.

Zum besseren Verständnis möchte ich noch einmal wiederholen, was ich über das Gedächtnis gesagt habe. Ihr wisst, dass die Körperzellen sich unaufhörlich erneuern. Alle alten Zellen werden nach einer bestimmten Zeit, im Allgemeinen spricht man von sieben Jahren, durch neue ersetzt. Trotzdem macht der Mensch die gleichen Fehler und Dummheiten und hat die gleichen Schwächen, Untugenden und Krankheiten. Dies wäre unerklärlich, wenn man nicht wüsste, dass das Gedächtnis der Zellen während der Aufbauarbeit des Organismus erhalten bleibt. Jede neue Zelle arbeitet genauso weiter wie ihre Vorgängerin.

So ist es auch in Büros und Fabriken: Wenn die alten Angestellten pensioniert werden, werden sie durch junge Kräfte ersetzt, die aber die gleiche Arbeit tun. Das nenne ich »Gedächtnis«: Man gibt ihnen dieselben Arbeitsmethoden, dasselbe Ziel, und die Arbeit geht weiter. Aufgrund des Gedächtnisses der Zellen begeht der Mensch immer wieder dieselben Dummheiten. Denn auch wenn er seine Körperzellen erneuert, vergisst er deren Gedächtnis zu erneuern, das unverändert von Generation zu Generation weitergegeben wird. Die Zellen sind neu, aber sie führen die gleiche Arbeit aus, die gleichen Gesten. Wenn ihr dagegen den Herrn bittet, dass die Personalität der Individualität Platz macht, wirkt ihr auf das Zellgedächtnis und die festgehaltenen Prägungen ein. Dann werden die schlechten Angewohnheiten durch ein neues, besseres Verhalten ersetzt.[3]

Das eben Gesagte ist sehr wichtig. Selbst wenn ihr eure Personalität unterwerft und sie dazu bringt, eure lichtvollen Pläne und Vorhaben auszuführen, wird sie es zwar tun, aber nur unvollständig, denn ihr habt ihr keine neuen Prägungen »in den Kopf gesetzt«! Sie beugt sich eurem Willen nur teilweise, weil sie eure Prägungen noch nicht übernommen hat. Sie bleibt ihren eigenen Angewohnheiten treu und wartet eine günstige Gelegenheit ab, um ihren eigenen Willen durchzusetzen. Wenn ihr aber eure göttliche Natur bittet, von eurem ganzen Wesen Besitz zu ergreifen, nehmt ihr eurer Personalität die alten Prägungen und Erinnerungen. Von diesem Augenblick an handelt nicht mehr die Personalität, sondern die Individualität, natürlich auf der Basis des physischen Körpers (Bauch, Lungen, Gehirn usw.), der aber nun einem völlig neuen Programm folgt.

Der heilige Paulus sagte: »Ich lebe; doch nun nicht ich, sondern Christus lebt in mir« (Gal 2,20). Der Christusgeist konnte sich nur deshalb manifestieren, weil die Personalität des Paulus noch existierte. Auch wenn die Personalität ersetzt wurde, ist nur der Inhalt erneuert worden: genau wie bei ausgestopften Tieren, die ausgenommen werden, aber ihre Gestalt als Bär, Sperber, Adler oder Löwe behalten. Wenn die Individualität in euch Wohnstatt nimmt, ändert ihr euch äußerlich nicht, ihr bleibt der allseits bekannte Mensch, nur das Erinnerungsgut eurer Zellen wird erneuert. Innerlich ändert ihr euch so deutlich, dass jeder spürt, dass etwas völlig Neues von euch ausgeht. Und gerade das ist das Wunderbare: Ihr seid der gleiche Mensch, und trotzdem seid ihr völlig gewandelt!

Ihr müsst wissen, dass ihr bei mir immer wieder dasselbe langweilige, unangenehme Thema zu hören bekommt: Personalität und Individualität. Denn wenn ihr darüber Bescheid wisst, könnt ihr euer ganzes Leben ändern. Ich weiß genau, dass ihr lieber etwas anderes hören würdet, etwa über die Geheimnisse der Kabbala oder über Magie. Ja, aber leider habt ihr jemanden vor euch, der euch absichtlich auf die Nerven fällt und von euch verlangt, dass ihr euren Charakter und eure Lebensweise ändert. Das gefällt euch nicht? Aber nehmt es mir nicht allzu übel. Denn ich habe die Aufgabe, euch zu belehren, und diese Aufgabe muss ich erfüllen. Ich könnte euch natürlich alles Mögliche über die verschiedensten Themen erzählen, es gäbe so viel zu sagen, aber würde das euer Dasein wirklich ändern? Ich glaube es kaum.

Interessiert euch also nicht länger für Dinge, die euer Dasein nicht verändern können. Bemüht euch, eure Lebensweise zu bessern.[4] Dann folgt alles andere von allein, wie z. B. Wissen, Kenntnisse. Andernfalls geschieht Folgendes: Ihr lest Bücher und behaltet das Gelesene eine Zeit lang. Aber nach ein paar Jahren ist keine Spur mehr davon da, denn ihr habt dieses Wissen durch eure Lebensweise ausgelöscht. Es ist also unnütz, seine Zeit mit der Aneignung eines Wissens, das man doch bald wieder vergisst, zu verschwenden. Wenn ihr jedoch eure Lebensweise ändert, werden Erinnerungen an ein Wissen in euch wach, das ihr seit Tausenden von Jahren während eurer verschiedenen Inkarnationen erlernt habt. Ohne irgendetwas gelesen zu haben, wisst ihr dann alles. Das ist das wahre Gedächtnis. Notiert euch dies und vergesst es nie: Wenn der Mensch ein göttliches Leben führt, werden seine seit Jahrtausenden eingeprägten Kenntnisse wieder wach, und er besitzt das wahre Wissen.

Anmerkungen

1. Siehe Band 221 der Reihe Izvor »Alchimistische Arbeit und Vollkommenheit«, Kapitel 10: »Eitelkeit und göttlicher Ruhm« und Kapitel 12 »Die Sublimierung der Sexualkraft«.
2. Siehe Band 230 der Reihe Izvor »Die himmlische Stadt«, Kapitel 11: »Erzengel Michael streckt den Drachen nieder« und Kapitel 15: » Der für tausend Jahre gefesselte Drache«.
3. Siehe Band 221 der Reihe Izvor »Alchimistische Arbeit und Vollkommenheit«, Kapitel 6: »Die Klischees«.
4. Siehe Band 315 der Reihe Broschüren »Die Quelle des Lebens«.

Kapitel 7

Der höheren Natur mehr Äusserungsmöglichkeiten geben: sich bessern

I

Bei einem Baum entsprechen die Wurzeln, der Stamm und die Äste der Personalität, während die Blätter, Blüten und Früchte der Individualität vergleichbar sind. Die Personalität bildet das irdische, materielle Element, das als Fundament, Behälter und Kanal dient. Die Individualität dagegen stellt das spirituelle Element dar, das Leben oder den Geist, die Ursprung aller Manifestationen sind. Sowohl Personalität als auch Individualität sind also unentbehrlich.

Je größer der Baum wird, desto tiefer dringen seine Wurzeln in die Erde ein. Der Stamm wird dicker, die Äste breiten sich mehr und mehr aus, der Baum wird immer höher, breiter und stärker. Wurzeln, Stamm und Äste erfüllen weiterhin ihre Aufgabe, die Blätter, Blüten und Früchte zu tragen. Sie bleiben das ganze Jahr über stehen, während die Blätter, Blüten und Früchte nur zeitweise da sind. Ebenso ist auch unsere Personalität (unser physischer, astraler und mentaler Leib) stets als Fundament da, während die Individualität (die Eingebung, die Freude und das Glück, die aus dem Kausal-, Buddhi- und Atmanleib stammen) nur eine vorübergehende Erscheinung ist.

Egal was man für einen Menschen tut, ob man ihn ernährt, stärkt oder belehrt, seine Personalität bleibt die gleiche, sie kann sich nicht bessern. Erst wenn die höhere Natur sich im Menschen offenbart, vermag er Früchte zu tragen. In den Schriften heißt es, dass das Verderbliche verderblich bleibt und das Unverderbliche Unverderblichkeit erzeugt. Hier haben wir Personalität und Individualität. Ihr werdet sagen: »Ja, aber die Alchimisten konnten Blei in Gold verwandeln.« Ihr täuscht euch, das Blei verwandelt sich nicht in Gold: Es verschwindet und überlässt dem Gold den Platz. Die Personalität wird nie göttlich werden: Sie kann nur zurücktreten und der Individualität mehr Äußerungsmöglichkeiten geben. Dies wird eines Tages geschehen: Der physische, astrale und mentale Leib, die der Personalität entsprechen, werden verschwinden und an ihrer Stelle werden die höheren Körper sich in ihrer ganzen Macht, ihrem Licht und ihrer Schönheit offenbaren. Die Personalität ist nur ein Behälter. Ganz gleich was ihr zu ihrer Besserung unternehmt, sie behält ihre egozentrische Wesensart. Wenn sie sie verliert, ist sie nicht mehr die Personalität.

Verlasst euch also nicht mehr auf die Personalität. Benutzt sie so oft wie möglich, aber um sie zum Verschwinden, zum Erlöschen zu bringen und gebt dem Göttlichen in euch Ausdruck, das unendlich erhaben und mächtig ist.

Die Menschen glauben oft, dass ihre Personalität sich verschlechtert hat, wenn sie in einem negativen Zustand sind und dass sie sich gebessert hat, wenn sie in einem positiven Zustand sind. Das ist ein Irrtum. Nicht die niedere Natur hat sich gebessert, sondern die höhere Natur hatte günstigere Bedingungen, sich zu zeigen. Dann gewinnt die Personalität wieder die Oberhand, bringt alles durcheinander und die Menschen fühlen sich wieder elend. Und so weiter. Man muss wissen, dass nicht dasselbe »Ich« einem Stimmungswechsel unterworfen ist und besser oder schlechter wird. Nicht das »Ich« wandelt sich, es sind zwei völlig verschiedene Naturen, die abwechselnd durch das sogenannte »Ich« zum Ausdruck kommen.

Die Individualität ist nie negativ, finster oder egoistisch. Wenn der Mensch in einem solchen Zustand ist, ist nicht sie dafür verantwortlich, sondern die Personalität; umgekehrt ist es genauso. Es handelt sich nicht um ein und dieselbe Natur, die von einem Zustand in den anderen übergeht. Nein, das Gute kann nicht das Böse werden und das Böse nicht das Gute. Beide behalten ewig ihr eigenes Wesen.

Wer etwas Großartiges vollbringt, ist vorübergehend seiner Personalität entkommen. Sobald er sich aber wieder von ihr beherrschen lässt, ist sie natürlich genauso da wie vorher. Und da er sich mit ihr identifiziert, klagt er: »Also bin ich immer noch der Gleiche!« Nein, das stimmt nicht, warum identifiziert er sich mit der Personalität? Er sollte sich lieber mit der Individualität identifizieren, dann würde sich alles ändern. Sein Fehler besteht darin, dass er wieder auf die Stufe des niederen Ichs zurückfällt, nachdem er gebetet, meditiert, sich versenkt, Großartiges vollbracht und einen göttlichen Zustand erlebt hat. Dann sagt er sich natürlich: »Ich bin immer noch der Gleiche! Ich komme nicht voran, ich werde nicht besser!« Wer hat dann das Wunderbare vollbracht und erlebt? Jedenfalls nicht sein niederes Ich. Es gibt so viele Dinge, die den meisten noch nicht klar sind!

Ihr habt meditiert und gebetet, wart von Licht umgeben und weit von jeder Begierde entfernt. Aber dann geht ein hübsches Mädchen an euch vorbei, und da euch die gleichen Vorstellungen und Ideen wie früher wieder in den Sinn kommen, denkt ihr: »Wie ist das möglich? Beim Meditieren und Beten war ich von all dem so weit weg!« Ja, eure Individualität war weit weg, aber sobald ihr euch von ihr entfernt und der Personalität nahe kommt, manifestiert diese sich natürlich wieder, denn sie ist inzwischen nicht verstorben. Wenn ihr mit leerem Magen an einem Restaurant vorbeigeht, ist es ganz normal, dass eure Nase auf den köstlichen Geruch reagiert.

In Zeiten des Friedens sind die Menschen nett und freundlich, aber seht nur, was sie nicht alles zerstören und verwüsten, wenn ein Krieg ausbricht! Sind sie andere Menschen geworden? Nein, sie haben eine andere Neigung geäußert, die günstige Verhältnisse vorfand. Oder nehmt den Fall eines reinen, keuschen jungen Mädchens: Wenn man es in eine bestimmte Situation versetzt, wird sich herausstellen, zu welcher Zügellosigkeit es imstande ist! Ja, nach einem langen Schlaf fordert die Personalität oft ihre Rechte zurück.

Wenn ihr mich heute richtig verstanden habt, bedeutet dies einen großartigen Fortschritt für euch. Man glaubt, das Böse in Gutes wandeln zu können. Nein, das geht nicht, es handelt sich entweder um das eine oder um das andere. Wenn das Gute sich äußert, weiß man nicht mehr, wo das Böse geblieben ist. Es existiert nicht mehr, es ist völlig verschwunden. Aber sobald das Gute schwächer wird, stellt sich heraus, dass das Böse immer noch da und nicht tot ist. Das Böse ist nicht ewig, es kann sogar völlig gewandelt und umgestaltet werden. Aber dies ist eine Frage von kosmischer Tragweite. Nur die kosmische Intelligenz kann entscheiden, wie und wann dies geschehen soll. Das Böse verrichtet unterdessen seine Arbeit und erfüllt seine Aufgabe, indem es uns Lektionen erteilt. Die Menschen sind jedoch außerstande, das Spiel der kosmischen Kräfte zu erkennen. Im Allgemeinen denken sie, dass sowohl das Böse als auch das Gute bis in alle Ewigkeit bestehen werden und die beiden sich endlos bekämpfen. Sie glauben, das Böse widerstehe dem Herrn und sei ebenso mächtig wie Er. Und da der Herr in Not ist, muss Er, versteht ihr, die Menschen um Hilfe bitten, damit sie Ihm, wie die Ritter oder die Kreuzfahrer, im Kampf gegen den Teufel beistehen!

Wenn das Böse existiert, dann hat Gott Selbst ihm das Recht dazu gegeben. Sobald Er es jedoch zum Verschwinden auffordert, wird es verschwinden. Nur das Gute ist ewig, das Böse ist vergänglich. Wir Menschen haben jedoch nicht die Macht, es zum Verschwinden zu bringen, wir sind zu schwach und unwissend. Nur der Herr hat diese Macht. Deshalb müssen wir uns vom Göttlichen durchströmen lassen, damit es in uns wirkt, sich durch uns hindurch offenbart und in uns das Böse durch das Gute ersetzt. Ich weiß, dass dies schwer zu verstehende Gedankengänge sind. Aber durch beständiges Meditieren und Beten wird das Licht über euch kommen, und die Freunde der unsichtbaren Welt werden euch helfen.[1]

Es gibt keine Übung, keine Methode und keinen Yoga, die die niedere Natur bessern könnten. Aufgrund ihrer groben Beschaffenheit und ihrer tief in die Unterwelt ragenden Wurzeln steht sie mit sehr niederen Wesenheiten und Kräften in Verbindung, die sie nähren, antreiben und beeinflussen; deshalb ist sie egozentrisch, boshaft, grob und untreu. Die Individualität dagegen ist mit dem Himmel verbunden. Ihre Wurzeln reichen in göttliche Sphären. Wenn wir uns mit ihr zu identifizieren wissen, wird sie nach und nach Besitz von uns ergreifen, und dann können wir Großartiges vollbringen.

Alle geistigen Übungen haben das Ziel, der Individualität zu helfen, sich jeden Tag ein bisschen mehr in uns niederzulassen. Das ist natürlich ein langwieriges Verfahren. Man kann jahrelang meditieren, beten, sich anstrengen und Opfer bringen, und trotzdem bleibt man der Gleiche, das heißt... Aber ich will lieber nicht aufzählen, was alles unter dem Begriff »der Gleiche« fällt. Obwohl man Großartiges vollbracht hat, hat man immer noch seine alten Schwächen, Gewohnheiten, Manieren, Untugenden und Kümmernisse. Warum? Weil die Personalität immer noch da ist. All eure wunderbaren göttlichen Erfolge sind nur deshalb zustande gekommen, weil ihr der Individualität eine Äußerungsmöglichkeit gegeben habt. Da ihr aber gleichzeitig der Personalität zu nahe steht, euch weiterhin mit ihr identifiziert und sie sich nicht ändert, sagt ihr: »Was für ein Elend! Ich bin immer noch der Gleiche!«

Dreißig, vierzig Jahre hat man alles getan, alles versucht und ist immer noch derselbe! Anstatt deswegen niedergeschlagen zu sein, sollte man sich einfach sagen: »Ich kann meine Personalität noch nicht beherrschen, aber ich weiß nun warum: weil ich dem Göttlichen, das allein imstande ist, alles in Ordnung zu bringen, keinen besonderen Vorrang gewährt habe.« Wenn ihr euch dann wirklich entschließt, eine andere Haltung anzunehmen, werdet ihr euch ändern; aber nur, wenn ihr der Individualität den absolut ersten Platz einräumt. Sonst kommt sie vielleicht eine Minute, eine Stunde oder einen Tag, um ein paar Worte zu sagen und etwas Schönes zu schaffen, aber gleich darauf wird sie wieder von der Personalität verjagt. Inspiriert von der Individualität, verwirklicht ihr also von Zeit zu Zeit etwas Herrliches, aber ihr seid trotzdem imstande, Böses zu tun.

Alles Schöne und Großartige, was der Mensch vollbringt, stammt nicht von ihm selbst, sondern von einer anderen Kraft, die sich durch ihn offenbart. Die armselige Personalität ist nicht zu Meisterwerken, künstlerischen, poetischen oder mystischen Schöpfungen fähig. Sie liefert nur das Rohmaterial. Alles göttlich Schöne hat seinen Ursprung woanders, es entstammt himmlischen Sphären, der göttlichen Natur.[2]

Wenn die Personalität schwächer und schwächer wird und unsere niedere Natur völlig abgestorben ist, lebt ein anderes Wesen in uns auf. Wir stehen in der Mitte. Im Bereich der Personalität sind wir tot, aber im Bereich der Individualität leben wir... Wer ist dieses »Wir«, dieses »Ich«? Das ist ein Geheimnis: Wir sind weder die Personalität noch die Individualität, wir sind noch etwas anderes. Glaubt nicht, dass ihr im Handumdrehen erkennen könnt, was wir sind, was ihr seid. Das ist unmöglich; es ist ein sehr großes Mysterium.

Anmerkungen

1. Siehe Band 242 der Reihe Izvor »Unerschöpfliche Quellen der Freude«, Kapitel 18: »Der Besuch der Engel«.
2. Siehe Band 223 der Reihe Izvor »Geistiges und künstlerisches Schaffen«, Kapitel 2: »Die göttlichen Quellen der Inspiration«.

II

Ich habe oft beobachtet, dass die meisten, sogar die gelehrtesten und kultiviertesten Menschen im Dienst ihrer Personalität stehen. Ohne es zu merken, setzen sie ihre edelsten Fähigkeiten, ihren Verstand, ihr Überlegungs- und Empfindungsvermögen ein, um ihre Instinkte zu befriedigen. Sie denken gar nicht daran, dass diese Fähigkeiten zur Verwirklichung der Ideale der höheren Natur eingesetzt werden sollten.

Das Gottesreich kann nur dann auf Erden verwirklicht werden, wenn die ganze Menschheit alle Kräfte der höheren Natur für dieses eine Ziel einsetzt. Aber gerade in dieser Hinsicht sind die Menschen noch nicht genügend aufgeklärt. Sie verwenden sogar die Energien der Seele und des Geistes dazu, die niederen Bereiche zu befriedigen. Das Erstaunliche dabei ist, dass sie sich um so unzufriedener und unausgefüllter fühlen, je mehr sie in dieser Richtung unternehmen. Die niedere Natur ist satt, übersättigt, aber die höhere Natur ist ausgehungert, unbefriedigt und leidet. Sie fordert ständig: »Und ich? Gibst du mir nichts?« Hier liegt der Grund für die Unzufriedenheit der Menschen.

Zu keiner Zeit haben die Menschen so viele Möglichkeiten zur Befriedigung der Personalität entwickelt wie heute, und trotzdem waren sie noch nie so unzufrieden. Früher gab es fast nichts. Heute gibt es alle möglichen Bequemlichkeiten, aber die

Menschen sind unglücklich, innerlich leer und unausgeglichen. Der technische Fortschritt mit all seinen Erfindungen dient nur der niederen Natur, die bis zum Geht-nicht-mehr gesättigt ist. Warum begreifen die Menschen nicht, dass sie noch andere Bedürfnisse haben, die befriedigt werden wollen? Es ist unglaublich, dass sie im 20. Jahrhundert, wo man in allen Bereichen so weit fortgeschritten ist, nicht das Wesentliche erkannt haben. Je mehr ihnen geboten wird, umso mehr fehlt ihnen. Das gleicht der Geschichte von dem Mann, der seiner Frau alles gibt: Kleider, Schmuck, Autos, Häuser usw., der aber das Wesentliche vergisst: die Liebe. Und weil sie nicht glücklich ist, läuft sie eines schönen Tages mit dem Chauffeur davon! Sicher hat er ihr das gewisse Etwas geben können, das ihr fehlte, und deshalb verlässt sie alles. Solange ihr nicht in der Lage seid, der Seele und dem Geist eines Menschen eine feinstoffliche Nahrung zu gewähren, werdet ihr immer irgendwelche Überraschungen erleben, egal was ihr für ihn tut. Eines Tages wird man euch verlassen.

Eine Frau beklagt sich bei mir: »Ich habe alles für meinen Mann getan. Ich habe ihn mit Liebe und Wärme umgeben und versucht, ihm den geringsten Wunsch zu erfüllen. Trotzdem hat er mich verlassen!« – »Ja, da ist eben das Unglück. Mit wem ist er denn weggelaufen?« – »Mit einer gefühllosen, kaltherzigen Frau.« – »Aha, Sie waren ihm also zu warm, und deshalb wollte er sich ein bisschen abkühlen!« Ja, so ist es. Viele Frauen tun alles, um ihren Mann im Bereich der Personalität, in Bezug auf Bauch und Geschlecht zufrieden zu stellen. Aber sie sind unfähig, etwas Höheres in ihm zu erwecken oder zur Erfüllung kommen zu lassen. Wie soll man es dann dem Armen verübeln, wenn er woanders sucht? Ich gebe zu, dass es auch grobe Ehemänner gibt, aber das ist ein anderes Problem. Männer und Frauen müssen folgende Wahrheit kennen: Wenn man ausschließlich die Personalität seines Partners nährt, erlebt man viele Enttäuschungen, denn sie ist untreu, undankbar und vergisst alles, was man für sie tut. Man sollte versuchen, die höhere Natur im anderen zu erwecken, die nur Gutes bringt.[1]

Ich will grundsätzlich nicht eure Personalität befriedigen, egal ob ihr enttäuscht oder wütend seid! Ich will euren Geist und eure göttliche Natur nähren, die am Verhungern sind, weil niemand sich je um sie gekümmert hat. Ihr verlangt dauernd von mir, dass ich mich mit eurer Personalität befasse, euch Komplimente mache und euch schmeichle. Nein, damit wäre eurer Weiterentwicklung nicht gedient. Wenn ich mich dagegen um eure Individualität kümmere, werdet ihr innerlich reich und macht Fortschritte. Die Individualität ist so treu und dankbar, dass sie dies jahrhunderte- und jahrtausendelang nicht vergisst. Und eines Tages werdet ihr mich sogar auf anderen Sternen suchen, um mir zu danken.

Ihr müsst also wissen, dass ich mich für eure Individualität, für euren Geist interessiere.[2] In diesem Bereich arbeite ich, um euch zu befreien. Selbst wenn ihr wütend seid, fahre ich fort und sage mir: »Eines Tages werden sie mich verstehen und nicht länger unzufrieden sein.«

Um das Wesen und die Rolle der Personalität im Vergleich zur Individualität zu erklären, habe ich den Baum genannt. Aber es gibt noch andere Bilder: Ein Leitungsrohr zum Beispiel bleibt immer gleich, egal ob schmutziges oder sauberes Wasser, Erdöl, Wein oder sonst eine Flüssigkeit hindurchfließt. Ebenso bleibt ein Lautsprecher ein Lautsprecher, ganz gleich, was durch ihn gesendet wird. Das Gleiche gilt für die Individualität, die sich durch den Lautsprecher – die Personalität – äußert. Aber glaubt nicht, dass die Personalität deswegen besser geworden ist.

Wenn ihr zum Beispiel einen Lautsprecher verziert oder bemalt, bleibt er in Wirklichkeit genau derselbe. Wer sein Aussehen durch Schönheitsoperationen verändert, ändert nicht seine Personalität. Sie bleibt genauso egoistisch, unwissend und launisch wie zuvor! Ebenso könnte man annehmen, dass die Personalität nicht mehr dieselbe ist, wenn man der Individualität, dem Geist, der göttlichen Natur Ausdruck verleiht. Aber wartet einen Augenblick: Sobald die Individualität sich zurückzieht, taucht die Personalität mit all ihren schlechten Eigenschaften wieder auf. Versteht ihr mich nun besser?

Durch unser Bewusstsein stehen wir zwischen Personalität und Individualität und sind für deren Äußerungen in uns verantwortlich. Wenn wir die Individualität herbeirufen, offenbart sie sich, andernfalls äußert sich die Personalität. Ihr werdet fragen: »Aber wer ist denn dieses Wir?« Eine Leinwand! Ja, wir gleichen einer Leinwand, auf die alle möglichen schönen oder hässlichen, dunklen oder lichtvollen Formen projiziert werden.[3] Jetzt wisst ihr, was ihr zu tun habt: Wendet euch an die Individualität, dann seid ihr auf dem richtigen Weg.

Den richtigen Weg wählen, bedeutet natürlich nicht, dass alles sofort wunderbar ist. Viele, die sich entschlossen haben, ihr gewöhnliches Leben durch ein besseres, gottgeweihtes Dasein zu ersetzen, spüren am Anfang alle möglichen Strömungen, so als setzte in ihnen ein Gärungsprozess ein. Sie müssen Geduld haben, dieser Gärungsprozess ist ebenso notwendig wie in der Alchimie. Dort ist die Gärung das erste erwartete Phänomen, die erste Stufe. Die Materie wird dunkel, gärt und stirbt, aber dann erhält sie neues Leben. So ist es allen ergangen, die die erforderlichen Anstrengungen zur Manifestierung ihrer höheren Natur unternommen haben. Wenn ich jemanden in diesem Zustand sehe, freue ich mich und denke: »Er ist dabei, den Stein der Weisen zu finden, damit er alle Metalle in Gold verwandeln kann.«

Vielleicht versteht ihr mich besser, wenn ich euch ein Beispiel aus dem Leben des Organismus gebe. Angenommen, ihr habt durch ein ungeordnetes Leben viele Schlacken in euch angesammelt. Ihr esst, trinkt und arbeitet aber trotzdem weiter wie gewohnt. Seit Jahren tragt ihr die Krankheit oder sogar den Tod in euch. Aber die Krankheit äußert sich nicht und bleibt im Schatten, denn dort fühlt sie sich geborgen. Sie weiß genau, dass sie verjagt wird, wenn sie sich bemerkbar macht. Ärzte und Medikamente warten nur darauf. Also untergräbt sie still und leise eure Gesundheit... ohne ein Wort zu sagen! Aber sobald ihr bestimmte Regeln einhaltet und Übungen durchführt, um euch zu reinigen, beginnen Fieber, Schmerzen, Koliken und Kopfweh. Alles geht drunter und drüber, weil der Organismus seinen ganzen Mut zusammengenommen und sich gesagt hat: »Jetzt ist der richtige Zeitpunkt, alle unerwünschten Übeltäter zu verjagen, die sich auf meine Kosten eingenistet haben.« Der Organismus rafft sich auf, schüttelt sich und erklärt so allen in ihm vorhandenen unerwünschten Kräften den Kampf, der schließlich zur Befreiung führt.

Aber lasst uns wieder auf das Beispiel des Baumes zurückkommen. Es veranschaulicht am deutlichsten den Platz und die Aufgabe von Personalität und Individualität. Wenn der Baum im Frühling anfängt, Blätter, Blüten und endlich

Früchte zu tragen, gleicht er der Individualität. Warum hat er nicht immer Blätter, Blüten und Früchte? Sie kommen und gehen genau wie unsere poetischen Inspirationen, die wir mitunter einige Minuten lang haben und die dann wieder verfliegen und uns dem Alltag überlassen. Die Wurzeln, der Stamm und die Äste dagegen bleiben: Hier haben wir die Personalität. Sie kann natürlich in die Höhe und Breite wachsen, aber sie bleibt stets dieselbe Personalität mit Wurzeln (Geschlechtsorganen und Bauch), Stamm (Lunge und Brustkorb) und Ästen (Gehirn).

Lasst euch vom Geist durchfluten, dann treten außergewöhnliche Veränderungen in euch ein. Genauso wie ein mit Blättern, Blüten und Früchten geschmückter Baum ist auch der Mensch, der sich von den Strömen der Individualität durchfließen lässt, ein Segen für seine Umwelt. Wie der Baum, wächst und entfaltet sich auch der Mensch; aber ohne die Energie, ohne die geistige Kraft, die die Personalität durchströmen kann, bleibt diese kahl und unfruchtbar wie ein Baum im Winter.

Welche Parallele können wir nun zwischen dem Baum und den verschiedenen Körpern des Menschen ziehen? Die Wurzeln entsprechen dem physischen Körper, der Stamm dem Astral- und die Äste dem Mentalleib.

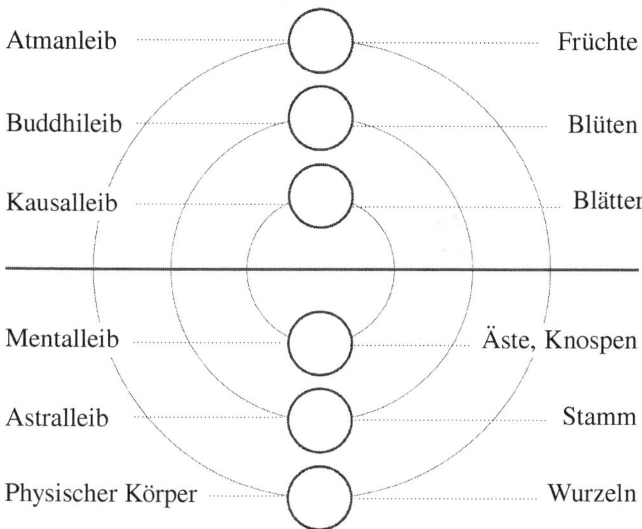

Der physische, astrale und mentale Leib bilden zusammen die niedere Dreiheit der Personalität und befähigen den Menschen dazu, in den niederen Sphären zu denken, zu fühlen und zu handeln. Der Kausalleib gleicht den Blättern, der Buddhileib den Blüten und der Atmanleib den Früchten. Diese Körper bilden die höhere Dreiheit, die Individualität. Mit ihrer Hilfe kann der Mensch in den höheren Sphären denken, fühlen und handeln.

Personalität und Individualität bilden also zwei Dreiheiten. Wenn die Individualität des Schülers die Personalität durchdringt und beherrscht, wird er zum Siegel Salomons, das heißt ein vollkommener Mensch. Hier liegt unsere Aufgabe: Wir müssen die göttliche Dreiheit anziehen, damit sie die niedere Dreiheit unterwirft, sich durch sie hindurch äußert und wunderbare Blätter, Blüten und Früchte hervorbringt.

Anmerkungen

1. Siehe Band 239 der Reihe Izvor »Die Liebe ist größer als der Glaube«, Kapitel 10: »Worauf das wahre Vertrauen gründet«.
2. Siehe Band 207 der Reihe Izvor »Was ist ein geistiger Meister?«, Kapitel 7: »Erwartet von einem Meister nur das Licht«.
3. Siehe Band 222 der Reihe Izvor »Die Psyche des Menschen«, Kapitel 11: »Das Bewusstsein«.

Kapitel 8

Die Stimme der göttlichen Natur

Als die Menschen für psychologische Begriffe noch kein Verständnis hatten, haben die Eingeweihten die niedere und höhere Natur als »Engel« und »Dämonen« dargestellt. Der Schutzengel stand zur Rechten des Menschen, der Teufel zu seiner Linken. Der Engel erleuchtete ihn mit guten Ratschlägen, während der Teufel ihn irreführte, damit er ihm zum Opfer falle.

Haben wir wirklich einen Teufel zur Linken und einen Engel zur Rechten? Ich glaube ja, es fragt sich nur, in welcher Form! Es handelt sich ganz einfach um die beiden Naturen, die wir alle in uns tragen, mit dem Unterschied, dass einige der göttlichen Natur mehr Äußerungsmöglichkeiten geben als andere und deshalb von ihr gute Ratschläge, Erleuchtung, Aufklärung und Offenbarungen empfangen. Sie leben in Licht und Klarheit, was ihr Dasein wesentlich erleichtert. Sie werden ständig erleuchtet, geleitet, getröstet, unterstützt und beschützt. Die anderen dagegen, die sich ihren Begierden und Trieben hingeben, fabrizieren alle möglichen Katastrophen. Nachher heißt es dann, sie hätten sich vom Teufel verführen lassen, während sie in Wirklichkeit ihre niederen Triebe nicht zu beherrschen wussten.

Selbst wenn es weder Himmel noch Hölle, weder Engel noch Dämonen gäbe, eines ist ganz gewiss: Wir haben zwei gegensätzliche Naturen in uns. Es gibt keinen Menschen auf der Erde, der, wenn er ein paar Minuten ehrlich ist, leugnen kann, dass seine höhere Natur ihn von Zeit zu Zeit vor einer falschen Richtung warnt und ihm eine bessere anrät. Ja, die göttliche Natur spricht zu uns, aber nur ganz leise, denn sie ist unendlich fein und zart und möchte unsere Freiheit respektieren. Sie wendet nie Gewalt oder Posaunen an. Sie drängt sich nicht auf, erzwingt nichts, sondern flüstert uns ihren Rat zwei- oder dreimal ganz leise zu. Aber der Mensch, dem das Unterscheidungsvermögen fehlt, merkt meistens nicht einmal etwas davon und hört auf seine niedere Natur.[1]

Die Personalität findet immer Mittel und Wege, sich aufzudrängen und ihren Willen durchzusetzen. Sie macht Tag und Nacht Radau und bringt ihre Ansprüche vor. Sie ist sogar imstande, die klügsten Abgeordneten zum Gehirn zu schicken, um den armen »Narren« von der von ihr erwünschten Richtung zu überzeugen. Und meistens hat sie Erfolg dabei. Wie viele Menschen irren sich, weil sie nicht zu unterscheiden wissen, welche der beiden Naturen zu ihnen spricht! Da sie

Lärm und Krach bevorzugen, hören sie eher auf die Personalität und merken gar nicht, wie schädlich ihre Ratschläge sind. Wenn die Personalität so eindringlich ist, hat sie bestimmt Recht. Nein, das ist leider ein Irrtum.

Die Personalität ist sehr geschickt, sie weiß, dass sie Lärm machen muss, um den Menschen zu betäuben. Sie flieht die Stille, denn sie befürchtet, dann ihre Hinterlist, ihre Arroganz, ihre Ansprüche und ihre Launen nicht mehr äußern zu können. Die Stille lähmt und fesselt sie. Sie bietet ihr keine günstigen Bedingungen zur Verwirklichung ihrer Pläne. Die Stille gleicht einer Tür, die sich zu den himmlischen Sphären öffnet. Die Personalität, die immer nur egoistische Pläne hat, die alles an sich reißen, sich auflehnen und sich rächen will, spürt, dass die Stille das Ende ihrer Macht bedeutet, dass sie ihren Platz hergeben und kapitulieren muss, und das will sie nicht.

Anstatt ruhig zu bleiben, braust die Personalität bei der geringsten Kränkung auf: »Los! Greife ihn an, mach ihn kalt!« Sie ist immer für Krieg. Die Individualität dagegen empfiehlt: »Warte ein bisschen ab, bete und hab ein paar gute Gedanken für ihn; vielleicht ändert er sich, dann hast du einen Freund statt eines Feindes. Mach dir keine Sorgen, niemand kann dich vernichten. Vor dir liegt die Ewigkeit. Versuche, etwas mehr Licht und Liebe auszustrahlen!« So spricht die Individualität. Die Personalität dagegen macht mit ihren Fanfaren,

Pauken und Trompeten so viel Lärm und drängt sich Tag und Nacht derart auf, dass der dumme Mensch nachgibt und sagt: »Schon gut, ich richte mich nach dir!« Alle in den Einweihungsschulen ausgeführten Übungen wie Meditation, Konzentration und Gebet haben zum Ziel, die Personalität einzuschränken, damit die Individualität, der Geist, mehr und mehr Offenbarungsmöglichkeiten hat.

Die Personalität mag die Stille nicht. Was bedeutet eigentlich Stille? Nehmen wir zum Beispiel einen jungen Menschen: Er ist leicht begeistert, in ihm sind Wirbelwinde, Orkane und Stürme entfesselt.[2] Deshalb kann seine göttliche Natur sich nicht entfalten. Nach Jahren kehrt jedoch endlich Ruhe ein, und seine guten Eigenschaften können zum Vorschein kommen, was vorher nicht möglich war. Schaut auch einmal, was mit den Pflanzen geschieht: Mitunter blühen sie auf, bevor der Winter zu Ende ist, und wenn es dann nachts stark friert, gehen sie ein. Die Pflanzen können nicht richtig wachsen, solange die geeigneten Bedingungen nicht gegeben sind. Das Gleiche gilt für den Menschen. Solange Orkane und Stürme in ihm wüten, kann er die innere Stimme der Weisheit, die Stimme der Engel, nicht wahrnehmen. Die Leidenschaften müssen erst zur Ruhe kommen, damit die guten Eigenschaften sich entfalten können.

Ich kann euch ein noch zwingenderes Argument aus der Geologie geben, das auch für die Entwicklung des Menschen gilt. Ganz am Anfang bestand die Erde aus allen möglichen miteinander verschmolzenen Stoffen, auf denen das uns bekannte Leben natürlich nicht existieren konnte. Selbst als nach Millionen Jahren die Erde sich allmählich abgekühlt hatte, die Erdkruste sich hier und da verfestigt und einigen Pflanzen und Tieren Lebensmöglichkeiten geboten hatte, wurde in bestimmten Abständen alles wieder durch heftige Vulkanausbrüche zerstört. Als aber die Erdrinde endlich dick und fest genug war, wurden auch die Umwälzungen und Klimaschwankungen seltener. Die Pflanzen fassten Wurzeln, die Tiere kamen und schließlich die Menschen. Ihr seht, das ist ein sehr lehrreiches Beispiel. Wenn mir jemand begegnet, der sich noch im gleichen Zustand befindet wie die Erde in ferner Vergangenheit, sage ich ihm: »Mein Freund, die Lichtwesen können sich nicht in dir niederlassen, weil du ihnen keine Möglichkeit dafür bietest. Sie können erst dann bei dir einkehren, wenn du etwas ruhiger und vernünftiger geworden bist.«

Seht ihr, das ist klar und deutlich: Strebt nach innerer Stille, denn erst in der Stille, wenn die Leidenschaften sich gelegt haben, kann die göttliche Natur in euch keimen, können Tugend, Schönheit und Licht sich entwickeln. Vorher braucht ihr gar nichts zu erwarten, denn die Himmelsbewohner sind nicht dumm: Sie haben keine Lust, sich auf einem Boden niederzulassen, der jeden Augenblick einzustürzen droht![3]

Nehmen wir nun das Beispiel eines großen Künstlers, eines wahren Hellsehers oder eines genialen Mathematikers. Sie haben ein besonderes Talent. Was ist ein Talent? Eine Wesenheit, die sich im Menschen niederlässt, um ihm zu helfen und durch ihn hindurch zu wirken. Ein Psychologe wird natürlich nie akzeptieren, dass Talente und Begabungen von Wesenheiten stammen, die im Menschen wohnen. Aber die Menschen können ihre Begabung verlieren und dies beweist, dass nicht sie selbst, sondern andere Wesenheiten durch sie hindurch Wunder vollbringen. Vielen, die ein ungeordnetes Leben geführt haben, ist es so ergangen. Wollt ihr erhabene Wesenheiten anziehen, die euch Talente und Tugenden bringen? Dann lasst Stille und Harmonie in euch einkehren, denn nur unter dieser Bedingung können sie sich offenbaren. Sie sind da und warten ab, bis sie jemanden finden, der in seinem Innern Ordnung und Frieden hergestellt hat. Dann lassen sie sich mit großer Freude in ihm nieder, um ihm selbst und durch ihn hindurch anderen Menschen zu helfen! Ja, auch das wusstet ihr nicht. Nun, warum bemüht man sich nicht, in diesem Sinne zu leben? Warum lebt man ständig in Lärm, Hetze und Chaos?

Wenn die Menschen all diese erhabenen esoterischen Wahrheiten kennen würden, könnten sie so viel in sich wandeln! Die Stille ist dabei die Voraussetzung zur Beseitigung aller inneren Störungen und Dissonanzen. In dieser Stille und Harmonie hört man dann eine Stimme, die sanfte Stimme Gottes, die uns warnt, leitet und schützt.[4] Wenn der Mensch sie nicht hört, ist er zu laut, und dies nicht nur auf der physischen Ebene, sondern auch im Bereich seiner Gedanken und Gefühle. Wenn er aber ruhiger wird, enthüllt ihm diese Stimme, dass nur Gott ihm alles geben kann, was er braucht, denn Er ist ewig. Nur die innere Stimme kann dies erklären, und deshalb nennt man sie auch die Stimme der Stille. Einige Bücher östlicher Weisheiten tragen diesen Titel: »Die Stimme der Stille«. Wenn ein Yogi seine Gedanken, die auch Geräusche verursachen, und alles andere in sich zum Schweigen gebracht hat, vernimmt er die Stimme der Stille, die Stimme seiner göttlichen Natur.

Anmerkungen

1. Siehe Band 229 der Reihe Izvor »Der Weg der Stille«, Kapitel 2: »Die Verwirklichung der inneren Stille«.
2. Siehe Band 233 der Reihe Izvor »Eine Zukunft für die Jugend, Kapitel 1: »Die Jugend ist wie die Erde im Entwicklungsprozess«.
3. Siehe Band 229 der Reihe Izvor »Der Weg der Stille«, Kapitel 6: »Die Bewohner der Stille«.
4. Siehe Band 229 der Reihe Izvor »Der Weg der Stille«, Kapitel 12: »Stimme der Stille, Stimme Gottes« und Kapitel 14: »Das stille Kämmerlein«.

Kapitel 9

Der Mensch kann sich nur dann entfalten, wenn er seiner höheren Natur dient

I

Das Problem von Personalität und Individualität stellt sich nicht nur ein Leben lang, sondern über zahlreiche Inkarnationen hinweg. Denn gerade wenn der Mensch sich auf dem richtigen Weg glaubt, wird er in Wirklichkeit oft von seiner Personalität beraten und in das schlimmste Unglück geführt.

Die Individualität versucht ihn zwar vor den Folgen seiner Taten und vor bedrohlichen Missgeschicken zu warnen, aber er hört nicht hin und bringt sie sogar zum Schweigen. Deshalb müssen wir als Erstes lernen, uns ständig zu beobachten. Jeder Gedanke und jeder Wunsch muss auf seine Beschaffenheit hin überprüft werden. Ja, wir müssen das Wesen eines jeden Impulses kennen, um zu wissen, in welche Richtung er uns zieht. Leider sind nur wenige Menschen zu dieser Anstrengung bereit. Sie lassen sich von der Personalität mitreißen und werden anschließend von Reue und

Enttäuschung geplagt. Wenn ihr den Menschen ins Herz sehen und ihre Beichten hören könntet, würdet ihr erschrecken. Ich bin oft entsetzt über das, was man mir erzählt und schließe daraus, dass die Menschen sich über die beiden in ihnen zum Ausdruck kommenden Naturen nicht im Klaren sind.

Die Menschen neigen stets dazu, ihre niederen Triebe zu befriedigen, weil sie glauben, davon einen Nutzen zu haben. Keineswegs! Sie arbeiten für andere, aber das merken sie erst am Ende, wenn sie ihre Kräfte, ihre Freude, ihre Inspiration und alles andere verloren haben. Es gibt tatsächlich unsichtbare Wesenheiten, von denen der Mensch nichts weiß und die sich ständig auf seine Kosten nähren. Wenn er diese eines Tages erkennt, begreift er, dass er sein ganzes Leben lang für andere gearbeitet hat, anstatt für sich selbst, das heißt für seine göttliche Natur, die sich ständig hätte bereichern und entfalten sollen. Und wer sind diese »anderen«? Es würde lange dauern, dies zu erklären, denn es gibt so viele Kreaturen, die ein Interesse daran haben, sich auf unsere Kosten zu ernähren! Über Generationen hinweg hat man sie befriedigt, und jetzt müssen wir uns mit den Folgen abplagen. Wir sind von zahlreichen Geschöpfen umgeben, die uns ohne unser Wissen ausnutzen. Aber in der unsichtbaren Welt gibt es auch andere Geschöpfe, für die wir arbeiten können. Jede Anstrengung, die wir zu ihrer Befriedigung machen, steigert unseren inneren Reichtum und unsere Kräfte.

Wer sich genau beobachtet, merkt, dass er nach der Befriedigung bestimmter Wünsche etwas von seiner Kraft, seiner Klarheit und seinem inneren Frieden eingebüßt hat. Dies beweist, dass andere an seiner Stelle davon profitiert haben. Was würdet ihr nicht alles sehen, wenn ihr hellsichtig wärt! Ihr gebt eure Kräfte für Millionen und Abermillionen von Wesenheiten aus. Ihr glaubt, dass alles unter dem Einfluss der Personalität Getane euch selbst zugute kommt, und deshalb seid ihr in diesem Bereich so beharrlich. Wenn ihr wüsstet, dass ihr nicht für euch selbst, sondern für andere sichtbare und unsichtbare Wesenheiten arbeitet, die euch antreiben, wärt ihr nicht so zielstrebig und entschlossen. Hier muss man sehr fein unterscheiden können: Ihr müsst wissen, wann ihr für euch selbst und wann ihr für andere arbeitet, das heißt für niedere Wesenheiten oder Familiengeister, die eure Zukunft zerstören wollen. Ihr müsst alles daransetzen, diese Wesenheiten zu beherrschen und sie zum Schweigen zu bringen, sonst werdet ihr von ihnen wie Haustiere eingespannt.

Ja, betrachtet einmal die Tiere. Manche Tiere leben frei im Wald, während andere, wie zum Beispiel Pferde, Ochsen, Kamele und Hunde für einen Herrn arbeiten und ausgenutzt werden. Auch wir sind nicht frei, wir stehen im Dienst anderer Kräfte, für die wir auf unsere Kosten arbeiten.[1]

Ich sprach einmal mit einem Schriftsteller, der sich für etwas Besonderes hielt, weil er zwei oder drei Romane geschrieben hatte. Ich erklärte ihm das Thema der höheren und niederen Natur. Als er hörte, dass es in der unsichtbaren Welt Wesenheiten gibt, die uns genauso ausbeuten wie wir die Tiere, war er empört und aufgebracht: »Was? Das ist doch unmöglich!« Ich sah ihn an und dachte mir, dass er für einen Schriftsteller nicht besonders klug war. Denn sonst hätte er eingesehen, dass das, was wir den Tieren antun, andere genauso gut mit uns machen können. Die Menschen lassen die Tiere arbeiten, ziehen ihnen das Fell ab und verkaufen ihr Fleisch, ohne je zu fragen, ob sie wirklich das Recht dazu haben. Wenn man die Tiere nach ihrer Meinung fragen würde, würden sie sich ganz bestimmt über die Ungerechtigkeit und Grausamkeit der Menschen beklagen. Die Menschen hingegen finden diesen Zustand ganz normal. Warum sollte es also nicht auch andere Wesenheiten geben, die mit uns das Gleiche machen? Es ist ganz logisch, dass sie uns verwenden. Sie geben uns ein bisschen Nahrung und treiben uns an, damit wir ihre Felder bestellen und ihre Pläne verwirklichen. Am Ende zerlegen sie uns, machen Blutwurst und Schinken aus uns und lassen es sich schmecken.

Wenn ihr wüsstet, was die unsichtbare Welt ist! Dort gibt es alle möglichen Nationalitäten, Völker und Stämme. Manche haben es auf die

Menschen abgesehen, genauso wie diese es auf die Tiere abgesehen haben, die sie ausnutzen, verkaufen und denen sie das Fell abziehen, um sie zu essen. Im Jenseits ist es genau das Gleiche. Dies ist ein neues Wissen, das später der ganzen Menschheit mitgeteilt werden wird. Vorläufig kommt es nur euch zugute.

Leider kann man den Menschen nur sehr schwer verständlich machen, dass ihr physischer Körper (Magen, Bauch und Geschlechtsorgane) nicht sie selbst sind. Gewiss, man muss ihn genauso versorgen wie ein Pferd, aber man sollte ihm nicht alles geben, und vor allem darf man sich nicht mit ihm identifizieren. Wenn ihr überlegt und meditiert, könnt ihr in jeder Situation herausfinden, ob die Personalität oder die Individualität euch zum Handeln drängt. Im Moment fehlt euch noch das Unterscheidungsvermögen, aber wenn ihr eines Tages das Licht findet, werdet ihr begreifen, dass ihr eure Zeit, eure Kraft, eure Energie und alles andere verloren habt, weil ihr euer Kapital auf ein fremdes Konto eingezahlt habt und der Abgrund alles verschlungen hat.

Nehmen wir zum Beispiel das Thema der Sexualität. Wenn ihr einer rein sexuellen, egoistischen, ichbezogenen Liebe freien Lauf lasst, merkt ihr, dass alle eure Organe auf eigene Faust funktionieren, ohne dass ihr sie irgendwie bremsen oder zurückhalten könnt. Ihr könnt es nur feststellen, aber nichts tun. Also haben andere Kräfte sich eurer bemächtigt und nehmen euch alles. Ihr seid nur noch Zuschauer. Bei einer geistigen Liebe dagegen spürt ihr, dass ihr selbst euch von ihr ernährt, das heißt eure Seele, euer Geist und eure Individualität und nicht andere, äußere Kräfte. Obgleich da nur ein Blick, ein Wort, eine Gegenwart, ein Duft oder eine Musik war, seid ihr glücklich und begeistert. Denn ihr spürt, dass ihr selbst, dass eure höhere Natur mit Speise und Trank versorgt wurde und dieses subtile Etwas eingeatmet hat, nicht andere Wesenheiten, die durch euch profitieren.[2]

Leider sind die Menschen nicht gewohnt, sich selbst zu beobachten. Sie essen, trinken und vergnügen sich, und weil der physische Körper glücklich und zufrieden ist, glauben sie, sie selbst seien zufrieden. Sie merken gar nicht, dass ihre Seele und ihr Geist leer sind. Wenn sie sich nicht mit ihrer Personalität identifizieren würden, hätten sie begriffen, dass sie selbst immer noch ausgehungert sind, auch wenn ihr physischer Körper satt vor sich hinschläft und schnarcht. Denn ihre Seele, ihr Geist, ihre Individualität haben nichts erhalten.

Um mich zu verstehen und die Wahrheit meiner Worte zu erkennen, muss man schon eine gewisse geistige Reife erreicht haben. Wenn ihr mit sinnlichen oder primitiven Menschen über die geistige Liebe sprecht, entgegnen sie: »Wenn wir unsere sexuellen Bedürfnisse nicht befriedigen, sterben wir. Sie halten uns am Leben.« Gewiss, das erhält die Wurzeln am Leben, aber die Blüten oben sterben ab. Alles hängt also von der jeweiligen Person und ihrer Entwicklungsstufe ab.

Anmerkungen

1. Siehe Band 210 der Reihe Izvor »Die Antwort auf das Böse«, Kapitel 7: »Die Frage der Unerwünschten«.
2. Siehe Band 205 der Reihe Izvor »Die Sexualkraft oder der geflügelte Drache«, Kapitel 4: »Vom Vergnügen«.

II

Was stellen wir fest, wenn wir einen Blick auf die meisten Menschen, ihr Leben, ihre Arbeitsweise, ihr Ideal und ihr Ziel werfen? Jeder versucht seine eigenen Wünsche und Ziele zu verwirklichen, ohne sich je über die Art dieser Wünsche und Ziele Fragen zu stellen. Oder habt ihr schon viele Menschen gesehen, die sich an den Herrn wenden und Ihn fragen: »Handeln wir im Sinne Deiner Pläne, Herr? Vollbringen wir Deinen Willen oder unseren eigenen? Was meinst Du dazu? Welche Pläne hast Du für uns? Wo und wie können wir arbeiten, um Dir zu dienen?« Es gibt nur sehr wenige, die sich diese Fragen stellen.

Die Personalität ist eben die Neigung im Menschen, die ihn dazu treibt, sein eigenes Leben zu führen und alles nach seinen eigenen Wünschen zu planen. Ja, das ist die Personalität und die ganze Menschheit ist eifrig dabei, sie zufrieden zu stellen, ohne sich je zu fragen, ob daneben nicht auch andere, tausendmal wichtigere, edlere und göttlichere Pläne zu verwirklichen sind. Die höhere Natur dagegen möchte die Absichten des Himmels erkennen und sie verwirklichen. Und dann ändert sich das ganze Leben. Der Mensch lässt sich nicht mehr von seinen Schwächen, Illusionen und Begierden leiten. Er gibt seinem Dasein eine Ausrichtung, die mit den Plänen Gottes übereinstimmt und lebt das wahre Leben![1]

Es ist natürlich schwierig zu erkennen, was Gott mit uns vor hat. Trotzdem sollte man Ihn darum fragen. Selbst wenn wir Seine Pläne nicht klar erfassen können, müssen wir Ihn anflehen: »Oh Herr, wenn ich Dich schon nicht verstehen kann, so tue wenigstens Dein Möglichstes, um mich auf den richtigen Weg zu bringen. Zwinge mich dazu, dass ich sogar blindlings, ohne mein Wissen, Deinen Willen erfülle. Bediene Dich meiner, bemächtige Dich meiner, ergreife Besitz von mir, nimm Wohnung in mir!«

Mitunter kennt man den Willen Gottes zu einer bestimmten Frage nicht. Die allgemeine Richtung ist klar: stets das Gute, Selbstlosigkeit, Aufopferung, Liebe, Entsagung, Güte, Großzügigkeit. Aber es gibt Fälle, in denen man den genauen Willen Gottes nicht erkennt, und da man nicht hellsichtig ist und die nötige Klarheit fehlt, sollte man sagen: »Herr, Dein Wille geschehe, auch ohne mein Dazutun, führe mich nach Deinem Gutdünken!« So erfüllt man manchmal ganz unbewusst die Pläne des Himmels. Wenn man später darüber nachdenkt, ist man erstaunt und sagt sich: »Na so was, welche Kraft hat sich da meiner bedient? Ich habe all diese Menschen gerettet, obwohl ich glaubte, etwas Falsches zu tun, und nun erweist sich dieses Übel als das größte Glück.« Es ist nicht allen Menschen vergönnt, sich über die Nützlichkeit ihrer Unternehmungen im Klaren zu sein.

Ihr solltet nun alle den Himmel anflehen, euch als Werkzeuge zu gebrauchen. Sagt: »Jetzt habe ich verstanden, jetzt ist mir klar, dass ich mit meiner niederen Natur zu nichts komme. Sie ist widerspenstig und zäh; ich kann sie nicht ändern. Nach so vielen Jahren habe ich nun endlich begriffen, oh himmlische Wesen, dass mit ihr nichts anzufangen ist. Ich sehe ein, dass sie begrenzt, blind und schädlich ist. Sendet mir deshalb die edelsten und herrlichsten Wesenheiten, damit sie sich in mir niederlassen, mich leiten und belehren und die Führung meines Lebens übernehmen, sodass ich eure Pläne auch gegen meinen Willen verwirkliche.«

Das ist das beste Gebet, das es gibt. Alle anderen Gebete enthalten irgendein persönliches Element, ein Interesse, eine gewisse Berechnung. Man will dem Herrn schmeicheln. In diesem Gebet hingegen setzt ihr euer ganzes Leben auf eine Karte und sagt: »Oh Herr, ich bin bereit zu sterben. Du kannst mir das Leben nehmen, mich vernichten, aber sende mir himmlische Wesenheiten, die meine niedere Natur ersetzen.« Dann geht es Zug um Zug: Ihr bezahlt mit dem, was euch am wertvollsten ist. Der Himmel muss eure Bitte erhören, denn ihr bezahlt dafür. Ja, man muss sogar dem Himmel bezahlen, wenn man etwas von ihm erhalten will. Nichts ist umsonst. Wenn ihr glaubt, die Segnungen des Himmels zu erhalten, obwohl ihr euch weiterhin amüsiert und Dummheiten anstellt, irrt ihr euch.

Es gibt auch viele Menschen, die nur um materielle Vorteile bitten und natürlich nicht erhört werden. Wenn ihr jedoch eure Seele einsetzt und dafür Weisheit, Liebe und Frieden erbittet, ist man oben bereit, euch alles zu geben. Es ist wie in einem Pfandhaus: Ihr versetzt eure Armbanduhr, euren Ring oder irgendeinen anderen Wertgegenstand und bekommt dafür ein bisschen Geld. Das, was unten ist, ist wie das, was oben ist. Alles ist eine Spiegelung.

Entschließt euch, von nun an den Himmel zu fragen und sagt: »Vielleicht habt ihr andere Pläne für mich. Vielleicht widersetze ich mich schon seit meiner Geburt euren Vorhaben...« Dann bittet den Himmel um Verzeihung und fleht ihn an, euch Wesenheiten zu schicken, um euch zu leiten.

Nach all diesen Erläuterungen müsstet ihr eigentlich in Zukunft genau wissen, wo ihr steht. Wenn ihr die himmlischen Regeln und Vorschriften nicht einhaltet und nur eure niedere Natur befriedigen wollt, dürft ihr euch keine falschen Hoffnungen machen: Selbst wenn die Menschen euch zujubeln, weil ihr auf diesem oder jenem Gebiet Erfolg habt, seid ihr immer noch klein und unbedeutend. Hört nicht auf die Menge, sie ist blind und kennt den wahren Wert der Dinge nicht. Verlasst euch nicht auf die Menge! Ob sie euch vergöttert oder mit Tomaten bewirft, darf nicht maßgebend sein. Ihr müsst eure eigenen absolut wahrhaftigen Maßstäbe haben.

Wenn ihr für den Himmel, die Wahrheit, das Licht und das Reich Gottes arbeitet, dürft ihr keine Angst haben oder den Mut verlieren, ganz gleich was euch zustößt, was man euch sagt oder wie man euch behandelt. Ihr seid auf dem richtigen Weg, das ist ganz sicher. Wenn ihr einen Rückzieher macht, beweist dies, dass ihr ein persönliches Ziel hattet. Ihr wolltet nichts für die Wahrheit riskieren und nicht für sie, sondern für euch selbst arbeiten. Diejenigen, die sich für die Wahrheit, für die Verwirklichung der himmlischen Pläne eingesetzt haben, haben nie Furcht gekannt, was immer ihnen auch widerfuhr. Es war ihnen egal, verfolgt oder umgebracht zu werden. Sie wussten, dass sie unsterblich sind und nach ihren Leiden Belohnung und ewiger Ruhm auf sie wartet.

Die meisten Menschen handeln, als könnten sie selbst über die Wahrheit entscheiden. Sie bejahen, was ihnen gefällt und lehnen alles als falsch und sinnlos ab, was mit ihren Hirngespinsten nicht übereinstimmt.[2] Wie oft habe ich das schon feststellen können! Um keinen Preis geht man von den eigenen Überzeugungen ab, die beschützt und verstärkt werden und um derentwillen sogar gekämpft wird, als wären sie das einzige Heil. Alle Welt tut dies, alle sind bereit, für ihre alten, wertlosen Einstellungen zu kämpfen. Für mich liegt die Größe eines Menschen in dem Entschluss, sich über all das hinwegzusetzen, um eine göttliche Philosophie zu akzeptieren. Anstatt euch an eure Meinungen und Standpunkte zu klammern und alles, was euch nicht passt, zurückzuweisen, solltet ihr das Gegenteil tun. Wenn ihr vorankommen wollt, müsst ihr euch endlich entschließen, alle falschen Vorstellungen aufzugeben und einer göttlichen Philosophie folgen.

Anmerkungen

1. Siehe Band 240 der Reihe Izvor »Söhne und Töchter Gottes«, Kapitel 4: »Lass die Toten ihre Toten begraben...«.
2. Siehe Band 234 der Reihe Izvor »Die Wahrheit, Frucht der Weisheit und der Liebe«.

Kapitel 10

Die höhere Natur in sich selbst und anderen fördern

I

Jeder hat seine Vorstellungen, Träume, Wünsche. Weil jeder sich etwas vorstellen kann, glaubt jeder zu wissen, was die Vorstellungskraft ist. Nein, die wahre Vorstellungskraft, so wie die Eingeweihten sie verstehen, ist eine formende Kraft, die die Fähigkeit hat, alle unsere Wünsche auf materieller Ebene zu verwirklichen.

Die Einbildungskraft ist einer Frau vergleichbar: Sobald sie den Samen des Mannes empfangen hat, macht sie sich an die Arbeit und formt ein Kind, dessen Eigenschaften und Gestalt der Beschaffenheit des Samens entsprechen. Wie eine Frau bringt auch die Vorstellungskraft das hervor, was ihr eingegeben wurde. Wenn ihr imstande seid, sie zu kontrollieren und auf göttliche Welten und Wesenheiten auszurichten, kann sie die Gegebenheiten dieser Sphären wahrnehmen, speichern und verwirklichen. Jeder Mensch hat eine Frau –, nämlich die Fantasie, aber da er nicht mit ihr zu arbeiten weiß, gebiert sie ihm Ungeheuer. Wenn er bewusst und aufmerksam wäre und mit ihr umzugehen wüsste, könnte diese Frau ihm geniale Kinder schenken. Die Frucht entspricht dem Samen.

Die Einbildungskraft besitzt unermessliche Macht. Wenn ihr nur selten nennenswerte Resultate erzielt, bedeutet dies, dass ihr nicht beharrlich genug gearbeitet habt. Ihr wollt z. B. bestimmte Tugenden entfalten und äußern. Da ihr aber nicht gelernt habt, eure chaotischen Impulse zu beherrschen, bemächtigen sich diese eurer Vorstellungskraft und machen eure Arbeit zunichte. Wenn ihr eure göttlichen Wünsche verwirklichen wollt, müsst ihr bewusst, klug und zielstrebig arbeiten. Denn in Wirklichkeit realisieren sich alle Wünsche, egal ob sie gut oder schlecht sind. Jedes Begehren wird in einem feinstofflichen, unsichtbaren Bereich sofort realisiert. Bis es sich aber auf der physischen Ebene erfüllt, d. h. greifbar und sichtbar wird, vergeht viel Zeit, oft Jahre oder sogar Jahrhunderte. Wenn ihr euch so lange geduldig auf ein und dieselbe Idee konzentriert, bis sie von der Vorstellungskraft kondensiert worden ist, wird sie eines Tages sichtbar und greifbar sein. Denn die Vorstellungskraft zieht zwangsläufig die Elemente an, die den Gedanken und Wünschen entsprechen, mit denen man sie beschäftigt. Sie weiß ihre Aufbaustoffe aus den Tiefen des Meeres oder den Höhen des Himmels zu beziehen. Sie häuft sie an, und eines schönen Tages konkretisieren die Gedanken und Wünsche sich auf der materiellen Ebene.[1]

Ist es nicht herrlich zu wissen, dass alle eure Wünsche sich eines Tages erfüllen werden? Stellt euch also vor, ihr wärt vollkommen und besäßet alle Tugenden, denn dies beschleunigt eure Vervollkommnung. Solange der Mensch nur seinen gegenwärtigen Zustand sieht, bleibt er auf den unteren Entwicklungsstufen stehen, denn dieses mittelmäßige Selbstbildnis hemmt seinen Fortschritt. Wenn er sich aber ein vollkommenes Bild von sich selbst macht und sich oft darauf konzentriert, wirkt auch dieses Bild auf ihn und gibt ihm andere Schwingungen und Anregungen. Auf diese Weise entwickelt er sich, denn er will ja dieses Bild erreichen. Andernfalls würde er nicht vorankommen und sich seiner wahren Identität nie bewusst werden.

Ihr werdet sagen: »Was für eine Identität meint er denn? Das, was ich bin, ist meine Identität!« Nein, das ist nicht die wahre Identität, sondern eine Täuschung. Die einzig wahre Wirklichkeit ist das Ideale, das Göttliche. Alles andere, was man gewöhnlich als Realität betrachtet, ist nur eine Täuschung, ein Trugbild, eine Lüge. Die Realität wird erst dann erkennbar, wenn man alle Wesen und auch sich selbst idealisiert und vergöttlicht. Die Inder nennen dies »Jnani-Yoga«. Jnani-Yoga ist nichts anderes als ein Idealisierungsprozess. Der Schüler sucht sich selbst, er will den Gipfel, Gott, erreichen und sagen können: »Ich bin Er!« oder, wie Jesus: »Mein Vater und ich sind eins.« Der Schüler ist auf der Suche nach seiner göttlichen Natur, nach seinem wahren Selbst. Wenn er sich selbst als vollkommenes Wesen sieht und dieses Bild nährt und stärkt, wird es allmählich zu einem Teil seiner selbst, und er wandelt sich.

Wenn es dem Menschen gelungen ist, ein göttliches Bild von sich zu formen, hat dieses Bild überall und auf alle Geschöpfe, sogar auf Tiere, Pflanzen, Steine und die ganze Natur einen günstigen Einfluss. Ein solcher Mensch strömt segensreiche Kräfte und Schwingungen aus, die Ordnung, Ausgleich und Harmonie bringen.

Wie viele Menschen wollen geliebt werden und tun alles, um dieses Ziel zu erreichen! Aber leider bleibt ihr ganzes Tun äußerlich. Sie haben nie daran gedacht, dass man seine Schwingung ändern, sanfter, ruhiger und harmonischer werden muss, um Liebe zu gewinnen. Und dies ist nur möglich, wenn man ein göttliches Bild in sich trägt.

Wenn ihr jedoch vergesst, dass es sich hier nur um eine Übung handelt und euch einbildet, wirklich vollkommen zu sein, dann macht ihr euch natürlich lächerlich und seid unausstehlich. Ihr solltet in den höheren Bereichen an eurem göttlichen Bild arbeiten und euch nicht einbilden, ihr wärt hier auf Erden bereits ein göttliches Wesen. Sonst werden die anderen mit Recht sagen: »Ach der, der hält sich für vollkommen, und dabei ist er ein Idiot!«

Bleibt also schlicht und einfach und erweckt keine negativen Reaktionen bei den anderen, auch wenn ihr innerlich eine erhabene Arbeit ausführt. Stellt euch vor, dass ihr schön, lichtvoll und strahlend seid, dass ihr Gottes Willen tut, von Licht umgeben und so vollkommen seid, wie ihr es einst in ferner Vergangenheit an der Seite Gottes wart und in Zukunft wieder sein werdet. Aber seid euch bewusst, dass dieser Zustand auf der physischen Ebene noch nicht erreicht ist.

Alle Pracht und Herrlichkeit, die wir oben besitzen, muss nun auf der physischen Ebene konkretisiert werden, damit wir den Himmel auf Erden verwirklichen können. Der Himmel bedeutet alles, was in der Welt der Gedanken schön und vollkommen ist und auf Erden, d. h. in unserem Körper realisiert werden muss. Wir müssen alle Teilchen unseres physischen Körpers durch unzerstörbare, kristallklare und unsterbliche Elemente ersetzen. Dies ist eine göttliche und glorreiche Arbeit, die kaum jemand begreift oder realisiert. Aber sie ist die einzige, die sich wirklich lohnt.

Anmerkungen

1. Siehe Band 28/29 der Reihe Gesamtwerke »Die Pädagogik in der Einweihungslehre«, Band 28, Kapitel 3: »Die gestaltende Vorstellungskraft«.

II

Die meisten Menschen sind es gewohnt, bei allen Menschen und Dingen die schlechte Seite zu sehen. Wer bei anderen viele Mängel entdeckt, gilt als sehr klug. Nun, meiner Ansicht nach ist im Gegenteil derjenige der Klügste, der versucht, das Gute im anderen zu sehen. Viele werden natürlich einwenden, dass man mit einer solchen Einstellung Gefahr läuft, ausgebeutet zu werden und also teuer bezahlen muss, denn die menschliche Natur ist schließlich von Grund auf schlecht. Sogar die Religion lehrt dies, warum soll man sich etwas vormachen? Darauf kann ich euch antworten, dass ihr dem Sachverhalt nicht auf den Grund gegangen seid. Es stimmt, dass der Mensch eine niedere Natur hat, die sich leider nur allzu oft äußert. Er besitzt aber auch eine höhere Natur, die zwar seltener zum Vorschein kommt, aber trotzdem existiert und sich also jeden Augenblick offenbaren kann, wenn man ihr die Möglichkeit dazu bietet.

Wenn man ein für alle Mal beschließt, der Mensch sei schlecht, nimmt man der göttlichen Natur jede Äußerungsmöglichkeit. Glaubt nicht, dass ein Weiser die schlechten Seiten eines Menschen nicht sieht, im Gegenteil, er sieht alles, denn seine Augen sind diesbezüglich besonders geschult. Er hält sich jedoch nicht ausschließlich mit dem Schlechten auf, wie alle anderen es tun. Denn er weiß, dass er nicht helfen kann, wenn er nur die Fehler und Untugenden eines Menschen in Betracht zieht. Eine solche Einstellung würde die Lage der Betreffenden eher verschlimmern.

Ein Weiser, der sich bewusst ist, dass alle Männer und Frauen Söhne und Töchter Gottes sind, hält sich diese Tatsache vor Augen, wenn er die Menschen anspricht.[1] Er wirkt schöpferisch auf sie, denn er wandelt sie und ist selbst glücklich dabei. Glaubt mir, die beste Umgangsweise im zwischenmenschlichen Bereich besteht darin, die guten Eigenschaften, die Tugenden und den inneren Reichtum der anderen herauszufinden und sich auf sie zu konzentrieren. Manchmal sind die guten Seiten so verschleiert, dass der Mensch selbst nichts von ihnen ahnt. Man sollte sich daran gewöhnen, tief in den Menschen hineinzuschauen, statt nur seine sichtbaren, auf die Oberfläche beschränkten Äußerungen in Betracht zu ziehen, die enorm täuschen können.

Fehler sind immer leicht zu finden. Aber das Wahrnehmen von noch nicht entfalteten Tugenden erfordert eine ganze Wissenschaft. In jedem von euch wohnen göttliche Eigenschaften, die auf eine Äußerungsmöglichkeit warten, und damit beschäftige ich mich. Auf diese Weise arbeite ich sowohl an euch als auch an mir selbst. Auch ihr solltet so vorgehen und heilige Gedanken füreinander hegen. Wenn ihr die heiligen Gedanken fördert, befasst ihr euch nicht länger mit nicht besonders lobenswerten Details, sondern mit dem göttlichen Prinzip im Menschen. Ja, warum sollte man gegenüber dem Göttlichen, Unsterblichen und Ewigen im Menschen keine heilige Einstellung haben? Auf diese Weise arbeitet ihr an euch selbst und helft gleichzeitig den anderen. Wenn ihr euch dagegen zu sehr mit ihren Fehlern beschäftigt, schadet ihr euch selbst, denn ihr nährt euch von Schmutz und hindert gleichzeitig die anderen am Weiterkommen. Ein solches Tun zeugt von großer Unwissenheit! Man glaubt, dem anderen bei seiner Entwicklung zu helfen, wenn man seine Fehler unterstreicht, aber in Wirklichkeit bewirkt man genau das Gegenteil.

Gewiss, die Menschen sind böse, grausam und alles Mögliche, aber das ist noch lange kein Grund, sein Leben lang nur das Schlechte zu sehen und nur darüber zu reden. Man sollte natürlich seine Augen aufmachen, aber das ist nur die eine Hälfte der Aufgabe. Wenn euch jemand bestiehlt oder euren Untergang plant, ist es besser, es zu wissen. Aber bleibt nicht bei diesem Wissen stehen, sondern sagt euch: »Der Arme! Im Augenblick ist er so, weil er keine Zeit hatte, sich zu entwickeln. Aber wenn ich mich auf seinen Geist, auf die Gottheit in ihm konzentriere, wird er sich eines Tages ändern.« So arbeitet jedenfalls ein Meister mit seinen Schülern und beschleunigt ihre Entwicklung.

Wenn ihr jemanden nicht mögt, weil er euch betrogen oder hintergangen hat, fällt es natürlich schwer, den göttlichen Funken in ihm zu sehen. Wenn ihr ihn liebt, ist es dagegen ganz leicht, dann ist er für euch sofort eine Gottheit, ihr braucht euch noch nicht einmal anzustrengen. Das Problem stellt sich nur, wenn ihr jemanden nicht leiden könnt. Ihr braucht also eine Arbeitsmethode, die ihr mit dem Bewusstsein anwendet, dass sie segensreiche Resultate bringt. Dazu darf man jedoch nicht ausschließlich im Bereich der Gefühle und Emotionen leben. Man muss überlegen, sich beherrschen und wissen, dass die ständige Konzentration auf die Fehler eines Menschen dazu führt, dass man sich mit ihnen in Einklang bringt und sie sogar anzieht, bis man eines Tages den anderen an Ungerechtigkeit, Unehrlichkeit oder Zügellosigkeit übertrifft. Man hat den anderen kritisiert, und jetzt treibt man es selbst noch schlimmer als er!

Ich weiß, dass ihr meine Worte noch nicht akzeptieren könnt. Aber in der Zukunft werden alle das Arbeiten mit den Gedanken erlernen, um ihre Eltern, Freunde und Mitmenschen und sogar ihre Feinde gedanklich in höhere Sphären zu projizieren. Dann wird man keine Freude mehr daran finden, die anderen herabzusetzen, wie man es augenblicklich tut.[2] Ja, in Zukunft wird man danach streben, sich nur auf die höhere, göttliche Natur des Menschen zu konzentrieren.

Wenn ihr übrigens die guten Eigenschaften eines Menschen erwähnt und sie sogar ein bisschen ausschmückt, übertreibt ihr in Wirklichkeit gar nicht, denn es kommt darauf an, von welcher Seite an ihm ihr redet. Oft sprecht ihr nicht von der Person selbst, sondern von seinem Geschlecht, seinem Bauch oder seinen Füßen (die nicht gewaschen sind!). Er selbst ist eine Gottheit. Im Psalm heißt es: »Ihr seid Götter.« Warum offenbaren sich diese Götter, die wir sind, dann nicht? Weil sie irgendwo unter dicken Schmutzschichten vergraben sind. Man sieht sie nicht, aber sie sind trotzdem vorhanden und müssen nun hervorgeholt werden.

Anmerkungen

1. Siehe Band 240 der Reihe Izvor »Söhne und Töchter Gottes«, Kapitel 13: »Ein Sohn Gottes ist allen Menschen ein Bruder«.
2. Siehe Band 242 der Reihe Izvor »Unerschöpfliche Quellen der Freude«, Kapitel 13: »Und ihr werdet alle Menschen auf den Weg der Freude mitziehen«.

Kapitel 11

Die Rückkehr des Menschen in Gott

Was sagen die Menschen im Allgemeinen? »Entweder ich oder er! Wenn ich ihn nicht zerstöre, zerstört er mich!« Gewiss, im Bereich der niederen Sphären, wo das so genannte Gesetz des Dschungels herrscht, haben sie Recht. Aber müssen die Menschen unbedingt das Gleiche tun wie die Geschöpfe, die sich im Dschungel, Sumpf und Meer gegenseitig verschlingen? Man findet es normal, sich gegenseitig zu zerreißen, weil gewisse Denker gesagt haben, der Mensch sei des Menschen Wolf. Es stimmt, auf einer bestimmten Entwicklungsstufe herrschen Egoismus, Hass und Grausamkeit. Je weiter man aber in die höheren Sphären aufsteigt, umso mehr äußern sich Liebe, Selbstlosigkeit und Aufopferung. Die Erde ist der Schauplatz für Streit und Kampf. Aber wenn wir zum Himmel aufsteigen und die Sonne als Symbol des Himmels betrachten, finden wir nur Liebe, Licht und Frieden. Wer behauptet, im Universum herrsche das Gesetz des Dschungels, hat Recht, allerdings nur solange er von den niederen Bereichen spricht; die Aussage stimmt also nur zur Hälfte.

Man sollte nie voreilig urteilen. Die Menschheit berauscht sich an falschen Vorstellungen, die bei ihrer Verbreitung Tod und Verwüstung hinterlassen. Wer solchen Ideen folgt, kennt die andere Natur des Menschen nicht, die unendlich großzügig und gütig ist. Leider entwickelt und fördert der Mensch das Göttliche in sich nicht, weil seine Personalität ihn unterjocht. Stattdessen sagt er sich: »Ich muss die anderen unterkriegen, bevor sie mich unterkriegen!« Damit übernimmt er das Gesetz des Dschungels.

Was würde geschehen, wenn er sich ein bisschen Mühe gäbe und seiner schlummernden göttlichen Natur den ersten Platz einräumte? Alles Schlechte in ihm würde von der Individualität absorbiert werden. Ihr irrt euch, wenn ihr glaubt, die Individualität hätte keinen Hunger und würde sich nicht ernähren. Auch sie »isst«, aber aus ihrer Nahrung stellt sie Licht her.

Betrachten wir ein Beispiel aus dem Bereich der Ernährung: Wie kommt es, dass die von einem Übeltäter oder Verbrecher aufgenommene Nahrung, die doch göttlichen Ursprungs ist, das Schlechte in ihm und seinen Zerstörungsdrang verstärkt? Warum wandelt sie ihn nicht? Weil er die Nahrung in das umsetzt, was seinem eigenen Wesen entspricht. Also hängt alles von der Verfassung des Essenden ab. Die von den Wesen aufgenommene Nahrung wird zu dem, was sie selbst sind. Schlechte Menschen werden durch die aufgenommene Nahrung nicht besser, sondern schlechter. Gute Menschen dagegen werden noch besser. Jeder wandelt also die Nahrung in sein eigenes Wesen um. Deshalb sagen die Eingeweihten: »Oh Herr, ich gebe Dir mein Leben, nimm mein Opfer an, verzehre mich!« Sie wissen, dass sie dabei nicht untergehen oder vernichtet werden, sondern dass der Herr sie in Seine eigene Substanz wandelt und sie somit Sein Wesen annehmen.

Alle wahren Spiritualisten haben erkannt, dass es nichts Erstrebenswerteres gibt, als vom Herrn »gegessen«, aufgesogen und verzehrt zu werden; deshalb bringen sie sich selbst zum Opfer dar. Aber wie viele Menschen wissen wirklich, was das Opfer bedeutet? Schon allein das Wort ängstigt sie, weil sie die Vorstellung von Schmerz und Tod damit assoziieren. Diese Vorstellung trifft in den niederen Bereichen zu: Wenn der Mensch den höllischen Wesenheiten zum Opfer fällt, ist er verloren. Wenn er sich jedoch den himmlischen Wesen opfert, wird er reich und schön, er wächst und findet ein neues Leben. Man sollte keine Angst haben und den Mut aufbringen, sich dem Himmel zu opfern. Dann wird er die Personalität verschlingen, sodass keine Spur mehr von ihr bleibt. Dann könnt ihr sagen: »Nicht ich (die Personalität), sondern Christus (die Individualität) offenbart sich durch mich, erleuchtet und führt mich.«[1]

Wenn ich von Personalität und Individualität spreche, kleide ich eigentlich nur die Wahrheiten der Bibel in eine andere Form. Ich spreche über die gleichen Dinge, nur stelle ich sie ein wenig anders dar.

Von himmlischen Wesen verzehrt zu werden, bedeutet unbeschreibliche Glückseligkeit und Freude. Deshalb hieß es in allen Religionen, der Mensch solle sich Gott zum Opfer bringen. Dieses Bild sollte veranschaulichen, dass das geistige Ideal des Menschen darin besteht, vom Herrn aufgesogen zu werden, um in Ihm Wohnung zu nehmen.

In den alten Religionen wurden Tiere und bisweilen auch Menschen geopfert. Das Alte Testament erwähnt zahlreiche Blutopfer. Es heißt sogar, dass der Rauch der Opfer dem Herrn als angenehmer Duft in die Nase stieg. Was bedeuten diese Opfer? Und warum sollten von der Zeit Jesu an keine Ochsen, Kälber und Schafe mehr geopfert werden, sondern nur die inneren Tiere der Menschen, das heißt Schwächen, Leidenschaften, Begierden und Sinnlichkeit? Das wahre Opfer liegt darin, die primitiven Triebe in reine, lichtvolle, göttliche Energien umwandeln zu können.[2]

Bei unserer Feuerzeremonie weise ich jedes Mal auf den Sinn des Opfers hin: Alle schwarzen, krummen und hässlichen Zweige werden durch das Verbrennen zu Licht und Wärme.[3] Wer dies nicht versteht und sich nicht opfern will, um vom Herrn verzehrt zu werden, der bleibt abgestorbenes Holz. Wer jedoch vom Feuer, dem heiligen Feuer der göttlichen Liebe verzehrt werden will, der stirbt nicht, sondern wird von neuem Leben durchflutet. Das ist der Sinn der Worte Jesu: »Wenn ihr nicht sterbt, werdet ihr nicht leben.«[4] Man muss sterben, aber wie? Soll man zum Messer oder zum Revolver greifen? Natürlich nicht! Jesus sprach nicht vom körperlichen Tod. Er meinte, dass unsere Personalität, der niedere Bereich unserer Laster und Leidenschaften sterben muss, damit wir auf der höheren Ebene der Individualität leben können. Dann stellt man fest, dass die Individualität sich tatsächlich ernährt und isst.

Gewöhnlich ernährt die Personalität sich von uns: Ihr größter Wunsch ist, uns zu ergreifen und zu verschlingen. Zwanzig-, dreißig-, fünfzigmal am Tag erwischt sie uns und saugt uns aus. Wir fühlen uns dann schwach, während sie stärker geworden ist und uns weiterhin widersteht. Wenn wir in diesen Momenten jedoch die ebenfalls hungrige und auch sehr geschickte Individualität zu Hilfe rufen, bleibt von der Personalität bald keine Spur mehr.

Ihr müsst euch also darüber im Klaren sein, dass ihr eure niedere Natur nie ändern könnt, egal wie hart ihr arbeitet und wie ihr euch anstrengt. Ihr könnt nur eurer göttlichen Natur die Möglichkeit geben, sie zu absorbieren und zum Verschwinden zu bringen.

Wie ich schon sagte, ist die niedere Natur eine Emanation der höheren Natur. Um ein vollständiges Wissen über das Leben und das Universum zu erlangen, musste der Mensch das Paradies, in dem er an der Seite Gottes lebte, verlassen und in die Materie hinabsteigen. Diesen Abstieg, den man Involution nennt, konnte er nur mit Hilfe von immer dichter werdenden Körpern (mentaler, astraler und physischer Leib) antreten. Aber es ist dem Menschen auch bestimmt, eines Tages in seine göttliche Heimat zurückzukehren, was dann als Evolution bezeichnet wird. Er löst sich von seinen niederen Körpern und lebt nur noch in den höheren Sphären (Kausal-, Buddhi- und Atmanleib). Dort wird er zur Gottheit. In diesem Moment verliert auch die Erde, deren Entwicklung zu der des Menschen parallel läuft, Schwere und Stumpfheit. Sie wird transparent und strahlend werden, und alles wird in den Schoß des Ewigen zurückkehren und mit Ihm eins werden.

Dies lehrt die Einweihungswissenschaft. Aber es wird erst in ein paar Millionen Jahren der Fall sein, also macht euch keine Gedanken! Es wird nicht alles schon morgen verschwinden. Seid ihr beunruhigt? Nein, es wird vor diesem Ende noch so viel Zeit vergehen, dass ihr selbst genug haben und darum bitten werdet, das Ende möge schneller eintreten.

Was ich euch hier sage, stimmt mit allen esoterischen und religiösen Überlieferungen überein.

Sie lehren, dass der Mensch wieder so werden muss, wie er im Anfang war. Im Moment steht er irgendwo zwischen Himmel und Hölle. Er ist so weit herumgeirrt, er hat so oft seinen Zustand und seine Behausung gewechselt, dass er nicht mehr weiß wohin. Er hat sein früheres Wissen völlig vergessen und braucht deshalb einen Führer. In ferner Vergangenheit wurde er von seinem eigenen Licht geleitet. Da er dies jedoch verloren hat, kann er sich nicht mehr orientieren. Manchmal begegnet man natürlich noch Menschen, die die Erinnerung an ihren ursprünglichen Zustand bewahrt haben. Sie wissen, woher sie kommen und wohin sie gehen, denn ein inneres Licht belehrt und führt sie. Da jeder neue Tag die Wahrheiten bestätigt, die sie empfangen, wachsen ihre Überzeugung und ihre Gewissheit. Voll strahlender Begeisterung stellen sie fest, dass das Licht sie nie täuscht.

Von diesen wenigen Weisen abgesehen, leben die meisten Menschen in Ungewissheit und Angst. Sie fragen sich nach dem Sinn ihres Lebens und danach, was nach ihrem Tode mit ihnen geschieht. Literatur und Kunst sind im Wesentlichen nichts anderes als das Ergebnis dieser Ungewissheit. Wie viele Bücher unserer Zeit zerstören nicht das letzte bisschen Glauben und Hoffnung, das nun noch geblieben ist! Leider zieht die junge Generation solche Literatur anderen Büchern vor, in denen lichtvolle Wesen all ihre Entdeckungen und Erfahrungen mitteilen.

Unwissende Schriftsteller, Philosophen und Wissenschaftler haben dafür gesorgt, dass der letzte im Menschen noch flackernde dumpfe Lichtschein erloschen ist, und nun wissen die meisten Menschen nicht mehr, welche Richtung sie einschlagen sollen. Deshalb muss eine neue Kultur ihnen den Weg weisen. Wer dies begreift, fasst einen Entschluss. Sollen die anderen ruhig ihre eigenen Erfahrungen machen. Aber eines Tages werden auch sie es begreifen müssen.

Im Moment kann ich euch nur Folgendes sagen: Dankt dem Himmel, dass ihr in einer Einweihungsschule seid, in der euch die Antwort auf eure Probleme und die Methoden zu ihrer Lösung gegeben werden. So werdet ihr von Tag zu Tag glücklicher sein und immer mehr gute Eigenschaften und außergewöhnliche Tugenden erwerben.

Anmerkungen

1. Siehe Band 241 der Reihe Izvor »Der Stein der Weisen«, Kapitel 13: »Die Entfaltung des göttlichen Keims«.
2. Siehe Band 221 der Reihe Izvor Alchimistische Arbeit und Vollkommenheit«, Kapitel 8: »Die Verwendung der Energien«.
3. Siehe Band 32 der Reihe Gesamtwerke »Die Früchte des Lebensbaums«, Kapitel 8: »Abendstunden am Lagerfeuer«.
4. Siehe Band 240 der Reihe Izvor »Söhne und Töchter Gottes«, Kapitel 3: »Wer sein Leben retten will, wird es verlieren«.

Omraam Mikhaël Aïvanhov

Vom selben Autor:

Reihe Gesamtwerke

1 Das geistige Erwachen
2 Die spirituelle Alchimie
3 Die beiden Bäume im Paradies
4 Das Senfkorn – Symbole im Neuen Testament
5 Die Kräfte des Lebens
6 Die Harmonie
7 Die Reinheit, Grundlage geistiger Kraft
8 Sprache der Symbole, Sprache der Natur
9 »Im Anfang war das Wort«
10 Sonnen-Yoga, Surya-Yoga – Die Herrlichkeit von Tiphereth
11 Der Schlüssel zur Lösung der Lebensprobleme
12 Die Gesetze der kosmischen Moral
13 Die neue Erde – Anleitungen, Übungen, Sprüche, Gebete
14/15 Liebe und Sexualität (Doppelband)
16 Alchimie und Magie der Ernährung – Hrani-Yoga
17/18 Erkenne Dich selbst – Jnani Yoga (Doppelband)
19-22 Wird nicht ins Deutsche übersetzt
23/24 Eine neue Religion (Doppelband)
25/26 Der Wassermann und das Goldene Zeitalter (Doppelband)
27 Die Pädagogik in der Einweihungslehre, Band 1
28/29 Die Pädagogik in der Einweihungslehre, Band 2 und 3 (Doppelband)
30/31 Leben und Arbeit in einer Einweihungsschule
32 Die Früchte des Lebensbaums

Vom selben Autor

Reihe Broschüren

301 Das neue Jahr
302 Die Meditation
303 Die Atmung
304 Der Tod und das Leben im Jenseits
305 Das Gebet
306 Musik und Gesang im spirituellen Leben
307 Das hohe Ideal
308 Das Osterfest
309 Die Aura
310 In die Stille gehen
311 Wie Gedanken sich in der Materie verwirklichen
312 Die Reinkarnation
313 Das Vaterunser
314 Das Gesetz der Gerechtigkeit und das Gesetz der Liebe
315 Die Quelle des Lebens
316 Die Nahrung, ein Liebesbrief des Schöpfers
317 Die Kunst und das Leben
318 Die wesentliche Aufgabe der Mutter während der Schwangerschaft
319 Die Seele, Instrument des Geistes
320 Menschliches und göttliches Wort
321 Weihnachten und das Mysterium der Geburt Christi
322 Die spirituellen Grundlagen der Medizin
323 Meditationen beim Sonnenaufgang
324 Der Friede, ein höherer Bewusstseinszustand
325 Das Ideal des brüderlichen Lebens
326 Die ganze Schöpfung wohnt in uns
327 Der Preis der Freiheit

Vom selben Autor:

Reihe Izvor

200 Hommage an Meister Peter Deunov
201 Auf dem Weg zur Sonnenkultur
202 Der Mensch erobert sein Schicksal
203 Die Erziehung beginnt vor der Geburt
204 Yoga der Ernährung
205 Die Sexualkraft oder der geflügelte Drache
206 Eine universelle Philosophie
207 Was ist ein geistiger Meister?
208 Das Egregore der Taube – Innerer Friede und Weltfrieden
209 Weihnachten und Ostern in der Einweihungslehre
210 Die Antwort auf das Böse
211 Die Freiheit, Sieg des Geistes
212 Das Licht, lebendiger Geist
213 Die menschliche und göttliche Natur in uns
214 Liebe, Zeugung und Schwangerschaft
215 Die wahre Lehre Christi
216 Geheimnisse aus dem Buch der Natur
217 Ein neues Licht auf das Evangelium
218 Die geometrischen Figuren und ihre Sprache
219 Geheimnis Mensch. Seine feinstofflichen Körper und Zentren
220 Der Tierkreis, Schlüssel zu Mensch und Kosmos
221 Alchimistische Arbeit und Vollkommenheit

222 Die Psyche des Menschen
223 Geistiges und künstlerisches Schaffen
224 Die Kraft der Gedanken
225 Harmonie und Gesundheit
226 Das Buch der göttlichen Magie
227 Goldene Regeln für den Alltag
228 Einblick in die unsichtbare Welt
229 Der Weg der Stille
230 Die Himmlische Stadt – Kommentare zur Apokalypse
231 Saaten des Glücks
232 Feuer und Wasser - Wunderkräfte der Schöpfung
233 Eine Zukunft für die Jugend
234 Die Wahrheit, Frucht der Weisheit und der Liebe
235 Im Geist und in der Wahrheit - Wie finde ich zu Gott
236 Weisheit aus der Kabbala
237 Das kosmische Gleichgewicht - Die Zahl 2
238 Der Glaube versetzt Berge
239 Die Liebe ist größer als der Glaube
240 Söhne und Töchter Gottes
241 Der Stein der Weisen
242 Unerschöpfliche Quellen der Freude
243 Das Lächeln des Weisen
244 Dem Licht entgegen

Verlags-Auslieferung

Frankreich (Hauptverlag)
Éditions Prosveta S.A.
1277, Av. Jean Lachenaud – 83601 Fréjus
Tel. 04 94 19 33 33
E-Mail: contact@prosveta.com
Internet: www.prosveta.fr

Deutschland
Prosveta Verlag GmbH
Grabenstr. 14, 78661 Dietingen
Tel. 07427-3430, E-Mail: kontakt@prosveta.de
www.prosveta.de

Österreich
Harmoniequell Versand
Ulmenweg 8, 5302 Henndorf
Tel. und Fax 06214 7413, E-Mail: info@prosveta.at
www.prosveta.at

Schweiz
Éditions Prosveta
1808 Les Monts-de-Corsier 13
Tel. 021 921 92 18, Fax 021 922 92 04
editions@prosveta.ch, www.prosveta.ch

Auslieferungsadressen für weitere Länder finden Sie unter
www.prosveta.de/informationen/bestelladressen

Wenn Sie sich für Veranstaltungen interessieren, in denen die Lehre von Omraam Mikhaël Aïvanhov vertieft werden kann, wenden Sie sich bitte an eine der folgenden Adressen:

Deutschland
UWB e.V., www.aivanhov.de, info@aivanhov.de

Schweiz
FBU, Chemin de la Céramone 13, 1808 Les-Monts-de-Corsier
Telefon 021 925 40 80, www.videlinata.ch

Österreich
UWB, Telefon 01 27 698 32
Internet: www.uwb.at, E-Mail: info@uwb.at